Ute Bendt | Claudia Erler

Spiel | buden | zauber

Sinn | volle Raumgestaltung in Kita und Krippe

Verlag an der Ruhr

Titel
Spielbudenzauber
Sinn|volle Raumgestaltung in Kita und Krippe

Autorinnen
Ute Bendt, Claudia Erler

Fotos
Ute Bendt, Claudia Erler

Verlag an der Ruhr
Mülheim an der Ruhr
www.verlagruhr.de

Geeignet für die Altersstufen 1–6

Unser Beitrag zum Umweltschutz
Wir sind seit 2008 ein ÖKOPROFIT®-Betrieb und setzen uns damit aktiv für den Umweltschutz ein. Das ÖKOPROFIT®-Projekt unterstützt Betriebe dabei, die Umwelt durch nachhaltiges Wirtschaften zu entlasten.
Unsere Produkte sind grundsätzlich auf chlorfrei gebleichtes und nach Umweltschutzstandards zertifiziertes Papier gedruckt.

ISBN 978-3-8346-0636-5
Printed in Germany

Kapitel 3: Weiterführende | Anregungen

Anhang:

Liebe Leserinnen*,

in einem Raum möchte man sich gern aufhalten. Das betrifft Kinder genauso wie Erwachsene. Das Gestalten von (Lebens-) Räumen, in denen Kinder viel Zeit verbringen, erfordert bestimmtes Wissen. Die grundlegende Frage lautet: **Welche unterschiedlichen Bedürfnisse haben Kinder, und wie kann ich diesen innerhalb der pädagogischen Raumgestaltung gerecht werden?** Dazu ist es notwendig, sich mit Rechten und Bedürfnissen von Kindern auseinanderzusetzen, wichtige Aspekte zu verstehen, die die Wirkung eines Raumes beeinflussen sowie Ideenreichtum und Leidenschaft für den eigenen Beruf mitzubringen. Je besser es gelingt, verschiedene Ebenen in Beziehung zueinander zu setzen, desto größer ist die Wirkung.

Dieses Buch ist entstanden, weil wir innerhalb unserer Arbeit in den letzten Jahren eine Vielzahl von Kinderräumen gesehen haben. Wir traten in Räume, die uns begeistert, fasziniert, freudig überrascht oder aber auch schockiert haben. Das Buch möchte helfen, „gute" Räume für Kinder zu gestalten. Gut meint: im Sinne einer gesunden und freudvollen Entwicklung von Kindern.
Sie werden sehen, dass unsere Vorschläge für die Raumgestaltung in den seltensten Fällen mit einem großen finanziellen Aufwand verbunden sind. **Vielmehr geht es uns darum, individuelle Lösungen aufzuzeigen, die mit Engagement und Kreativität umzusetzen sind.** Wir begrüßen grundsätzlich die Integration alter – eventuell aufgearbeiteter – Möbel oder Gebrauchsgegenstände in Kinderräume. Das Buch ist auch ein Plädoyer gegen die Wegwerf-Mentalität und gegen alles Fertige. Wir möchten **keine Einheits-Kitas** sehen, die nach einem strengen Prinzip raumgestalterische Vorgaben abarbeiten. Wir wollen Sie zu **individuellen, kindgerechten Raumlösungen inspirieren**. Eine Vielzahl von Fotos in diesem Buch verdeutlicht Ihnen, wovon wir jeweils sprechen.

Eine bewusste pädagogische Raumgestaltung bezieht Kinder sowie Eltern von Anfang an mit in den Prozess ein. Sie als Erzieherin* gestalten die Räume nicht für die Kinder, sondern mit den Kindern. Dieser Prozess ist niemals zu Ende, sondern bleibt immer ein Teil der pädagogischen Arbeit. Es geht darum, ihn gut ins Laufen zu bringen.

An verschiedenen Stellen des Buches bitten wir Sie, einen Perspektivwechsel vorzunehmen. Das betrifft die Rückbesinnung auf Ihre eigene Kindheit, die Aufforderung, sich in Kinderhöhe zu begeben und durch die Augen von Kindern zu schauen oder aber auch zu überprüfen, wie Sie als Erwachsene bestimmte Situationen und Gegebenheiten, denen Kinder ausgesetzt sind, erleben würden. Diese Methoden helfen Ihnen, sich in die Lage von Kindern zu versetzen, um sie besser zu verstehen. In den meisten Fällen bleibt ein AHA-Effekt nicht aus. Kinder sind eben nicht anders als wir Erwachsenen, sie sind nur kleiner.

Das Ziel pädagogischer Raumgestaltung ist dann erreicht, wenn Kinder sich darauf freuen, in ihre Einrichtung zu kommen. Nicht nur, weil sie dort Erzieherinnen begegnen, die sie lieben und von denen auch sie geliebt werden, sondern auch, weil sie dort Räume betreten, die ein tiefes Verständnis für kindliche Bedürfnisse ausdrücken.

Was sagen die Kinder?

Da wir von Kinderräumen sprechen, haben wir Kinder nach ihren Wünschen befragt. Wir stellten ihnen jeweils dieselben drei Fragen. Die Interviews führten wir mit Kindern unterschiedlichen Alters durch. Hier finden Sie die Fragen und exemplarische Antworten.

*Aus Gründen der besseren Lesbarkeit haben wir in diesem Buch durchgehend die weibliche Form verwendet. Natürlich sind damit auch immer Männer gemeint, also Erzieher, Pädagogen und Fachanleiter etc.

Wie wünschst du dir einen Raum?

Laura, 5 Jahre:
schön, für mich ganz alleine, groß

Tobias, 7 Jahre:
groß, grün, chic

Eric, 12 Jahre:
Auf jeden Fall schön groß – 20 x 20 m, mit einer Menge Spielsachen. Sehr schön gestaltet soll er sein, damit man auch Freude hat, hineinzugehen. Ich möchte viele Accessoires, die auf den Fensterbänken stehen, ein paar Vorhänge und auf jeden Fall Fenster. Meine bevorzugten Farben sind für die Raumgestaltung wohl eher nicht geeignet – schwarz und andere dunkle Farben. Ansonsten würde ich aber einen Raum grün oder rot streichen.

Was muss in dem Raum drin sein?

Laura, 5 Jahre:
Schaukel, Baum, Mama, meine Bücher, Fridolin, mein Bett, Höhle, Überraschung, Planschbecken, Schokolade, meine Taschenlampe, Trampolin

Tobias, 7 Jahre:
Kuschelecke, Bett, Decke zum Zudecken, Computer, Schrank, Stuhl, Tisch, Couch, Sessel, Kissen, Trampolin, Fernseher zum DVD gucken, Telefon, Radio, Kühlschrank, Heizung, Glas mit Johannisbeeren auf dem Tisch, Puzzle, Bücher, Stifte, Schere, Papier, Blumen, Uhr, Bild an der Wand, Karten zum Spielen, Memo, Toilette – aber abgeteilt

Eric, 12 Jahre:
Auf jeden Fall Tische und Stühle, falls das Sofa mal voll ist oder wenn man noch Hausaufgaben machen muss. Dann kann man das dort erledigen. Dann noch eine Menge Bücher, Kapla-Bausteine, Lego, ein Computer und so eine Art Sofa, auf dem man es sich auch mal gemütlich machen kann, wenn man was liest. Falls kein Vorhang da ist, soll man auf einen Knopf drücken können, und dann fahren die Wände zusammen. So eine Art Raumteiler.

Was möchtest du in einem Raum machen können?

Laura, 5 Jahre:
Quatsch, kuscheln, Prinzessin Lillifee gucken, tanzen, toben, Fasching, Kakao trinken, verstecken, anrufen, gucken, vorlesen, klettern, wegfahren

Tobias, 7 Jahre:
spielen, schlafen, essen, toben, Sport, Bücher anschauen, DVD gucken, basteln, malen

Eric, 12 Jahre:
Auf jeden Fall mit den Geräten, die in dem Raum sind, spielen. Und ich finde auch, man sollte die Tische zur Seite stellen können, sodass ein Freiraum entsteht, für irgendwelche Zusammenspiele. Und ich brauche verschiedene Lichter, aber auch noch kleine Tischlampen, für jeden Tisch eine. Ich finde es abends gemütlicher, mit kleinem Licht zu lesen.

Die Interviews geben erste Hinweise auf Anforderungen an einen Raum, der kindlichen Interessen gerecht wird. Beginnen wir, uns dem Thema zu nähern.

Viel Spaß beim Lesen und vor allem beim (Um-)Gestalten Ihrer Räume wünschen Ihnen

Ute Bendt & Claudia Erler

Kapitel 1:

Spiel | buden | zauber

Warm-up | Sensibilisierung | Grundlagen

Raum-ABC als Warm-up

Um sich inhaltlich in das Thema Pädagogische Raumgestaltung einzufinden und einzustimmen, empfehlen wir Ihnen, ein spezielles **Warm-up** mit dem gesamten Team durchzuführen: Schreiben Sie an eine Tafel oder einen Flipchart gut sichtbar für alle Teammitglieder das gesamte **Alphabet** untereinander. Fragen Sie nun, welche Wörter den Teilnehmerinnen zu jedem Buchstaben einfallen. Natürlich besteht die Aufgabe darin, Assoziationen zum Thema Raum/Raumgestaltung zu sammeln. Notieren Sie alle Wörter, die Ihnen zugerufen werden, hinter dem jeweiligen Buchstaben. Werten Sie keine Äußerungen. Sie werden staunen, welche Fülle von Gedanken und Gefühlen dabei zutage treten. Die fertige Übersicht bietet oftmals schon eine Menge an Diskussionsstoff, doch an dieser Stelle geht es um unkommentierte Assoziationen. Mit dieser Übung vollziehen Sie einen guten gedanklichen und emotionalen Einstieg in das Thema Raumgestaltung. Eine Kopiervorlage dazu sowie ein Beispielergebnis finden Sie auf S. 115–116.

(K)Eine Frage des Geschmacks

Ein kleines Beispiel zur Einstimmung:
Eine Erzieherin veranlasste als frischgebackene Leiterin sofort die farbliche Umgestaltung des Krippenschlafraumes. Die Zimmerdecke sowie die Wände waren vorher in einem warmen Gelbton gestrichen. Sie ließ den Raum neu tapezieren und wählte dazu zwei Tapetensorten: eine blaue Tapete mit gelben Sternen und eine gelbe Tapete mit blauen Sternen. Diese wurden so angebracht, dass sich immer eine Bahn der blauen Tapete mit einer Bahn der gelben Tapete abwechselte. Auf die Frage einer Besucherin, warum sie diese Veränderung vorgenommen habe, antwortete die Leiterin: „Ich fand den Raum zu langweilig." Diese Antwort ist eine reine Geschmacksaussage. Warum der Raum vorher professioneller – also im Sinne der Kinder besser – gestaltet war, erfahren Sie in den folgenden Kapiteln.
Allzu oft ist die Gestaltung von Räumen für Kinder ein Spiegel des individuellen Geschmacks von Erzieherinnen – und zwar von den Erzieherinnen, die die Räume „eingerichtet" haben. Das ist ein fataler und grundlegender Fehler. Deshalb folgt hier einer der sehr wichtigen Sätze dieses Buches und damit die erste entscheidende Erkenntnis. Achtung, aufgepasst:

Die Raumgestaltung in Kindereinrichtungen darf keine Frage des persönlichen Geschmacks sein. Sie ist eine Frage des Verständnisses für die elementaren Bedürfnisse und Rechte von Kindern.

Welche Bedürfnisse und Rechte das sind, erläutern wir Ihnen im Laufe des Buches detailliert. Jetzt „beweisen" wir Ihnen erst einmal mit einigen spielerischen Experimenten, dass persönliche Vorlieben und Empfindungen von Erwachsenen einen (häufig unbewussten) Einfluss auf Entscheidungen innerhalb der Raumgestaltung haben. Außerdem wird hierbei deutlich, dass alle Menschen verschieden in ihren geschmacklichen Ausprägungen sind. Die Idee dieser Übungen besteht darin, sich spontan und instinktiv einer bestimmten Gruppe (einem bestimmten Geschmack) zuzuordnen. Stellen Sie sich mit Ihrem gesamten Team an einen Ort, wo Sie genügend Platz haben. Sie brauchen etwa 10 m². Dann nennt die Spielleiterin ein **Wortpaar** und bittet die Teilnehmenden, sich einem Wort zuzuordnen. Die erste (Geschmacks-)Frage lautet: **„Silber oder Gold?"** Einige Teammitglieder werden an dieser Stelle sagen, dass sie sowohl Gold als auch Silber mögen. Fragen Sie nach dem ersten Impuls, den sie verspüren. Es gibt immer einen ersten Impuls! Dann ordnen sich alle ihrem Favoriten zu – schreiben Sie am besten die Wörter jeweils auf ein DIN-A4-Blatt, und legen Sie diese mit ausreichendem Abstand einander gegenüber auf den Fußboden. So können sich die Erzieherinnen um das Wort formieren, das sie ausgewählt haben. Bei der nächsten Frage nennen Sie als Alternativen **„Licht oder Schatten?"** In der folgenden Übung steigern Sie die Auswahlmöglichkeiten um eine weitere: **„Blau, gelb oder rot?"** Legen Sie hierbei die Blätter in Form eines Dreiecks auf den Boden. Die letzte Übung erfordert die Auswahl aus vier Alternativen: **„Frühling, Sommer, Herbst oder Winter?"** Es gibt noch viele weitere solcher Varianten, Geschmacksfragen zu klären. Wenn Sie möchten, finden Sie eigene! Den Teilnehmerinnen bereitet es erfahrungsgemäß Freude, sich solche Gruppierungen selbst auszudenken.

Auswertung:

Es werden eindeutige Vorlieben jeder Teilnehmerin sichtbar. Manchmal überschneiden sich die Zuordnungen sehr stark, dann gruppieren sich fast alle Teammitglieder um dasselbe Wort. Manchmal sind die Aufteilungen auch ausgewogen. Was die Übung zeigen will, ist, dass alle Menschen einen ausgeprägten Geschmack haben, und wenn sie etwas besonders mögen, dann findet sich das in ihrer Gestaltung von Räumen wieder. Wenn Sie bestimmte Farben oder Formen nicht mögen, werden Sie folgerichtig solche Dinge in Räumen eher vermeiden („... schließlich muss ich das ja jeden Tag sehen!"). Auch bei der Arbeit mit Kindern kommt das zum Tragen. Lieben Sie den Herbst, dann sind Sie beim Sammeln von Blättern und einer herbstlichen Ausschmückung von Räumen wahrscheinlich sehr engagiert. Wenn Sie hingegen den Winter nicht besonders mögen und den wärmeren Jahreszeiten entgegenfiebern, zeigen Sie dann die gleiche Leidenschaft bei winterlichen Aktionen oder Dekorationen? Haben Sie sich bei der Auswahl zwischen Licht und Schatten für „Licht" entschieden, liegt nahe, dass Sie bei der Raumgestaltung auf genügend Licht achten. Aber haben Sie auch für ausreichende Kuschelecken oder andere Rückzugsmöglichkeiten gesorgt, die nicht lichtdurchflutet sind, sondern eher dunkel? Wenn Sie silberfarbene Dinge mögen und sich demzufolge innerhalb des Spiels für diese Kategorie entschieden haben, findet sich dann diese Geschmacksausprägung in Ihren Räumen wieder? Bei der Beschäftigung mit Märchen ist ein goldener Spiegelrahmen z.B. wesentlich adäquater als ein silberner, weil er dem klassischen Verständnis von Verzauberung und Reichtum entspricht. Wählen Sie in diesem Falle Gold oder Silber? Stellen Sie sich solche Fragen und überprüfen Sie dabei Ihr bisheriges Verhalten. Einige Erzieherinnen müssen an diesem Punkt schmunzeln, weil sie sich in bisher nicht reflektierten Handlungsweisen ertappt fühlen. Das ist okay, es geht um die bewusste Wahrnehmung persönlicher Neigungen. In privaten Räumen ist der Auslebung dieser geschmacklichen Orientierungen selbstverständlich keine Grenze gesetzt. Das Problem ist, dass sich die Folgen dieser Neigungen auch innerhalb der pädagogischen Raumgestaltung wiederfinden und nicht die kindlichen Bedürfnisse und Interessen im Mittelpunkt stehen, sondern eigene. Dies selbstkritisch zu erkennen, ist der erste Schritt in die richtige Richtung.

Was kennzeichnet einen Raum?

Wenn Sie sich mit dem Thema Raum auseinandersetzen, gilt es auch, Ihren Wissensstand zur Raumgestaltung zu überprüfen. Bevor Sie Räume verändern oder neu gestalten, finden Sie heraus, welche Kenntnisse Sie bereits haben und welches Verständnis Ihren bisherigen Praxisentscheidungen vorausging! Schauen Sie zuerst, was Sie selbst schon wissen bzw. sich unter bestimmten Begriffen vorstellen. Die erste Aufgabe betrifft folgende Frage an alle Teammitglieder: **„Was kennzeichnet einen Raum – ganz allgemein?“** Lassen Sie alle Wörter aufschreiben, die den Erzieherinnen zu der Fragestellung einfallen. Unterstützend können Sie die Kopiervorlage von S. 113 einsetzen.

Auswertung:

In der Regel (das sind unsere Erfahrungen während diverser Seminare und Inhouse-Schulungen) nennen Erzieherinnen folgende Begriffe: Tür, Fenster, Lampe, Wärmequelle, Steckdosen, Blumen, Schränke, Möbel, Regale, Dekoration, Tisch, Stühle, Bilder. Selten werden die Begriffe „Wände“, „Fußboden“ und „Decke“ genannt. Doch genau diese Aspekte sind es, die einen Innenraum als solchen kennzeichnen.

Begriffsklärungen

Stellen Sie nun Ihren Teammitgliedern die Aufgabe, den Begriff „Raum“ zu definieren. Regen Sie an, dies so zu tun, dass sich ein anderer Mensch darunter etwas vorstellen kann. Weisen Sie darauf hin, dass es nicht darum geht, hier aufzuzählen, was alles zum Raum gehört! Überlegen Sie, wie der Begriff im Lexikon definiert werden würde.

Anschließend können Sie folgende Definitionen weitergeben:
Der Begriff „Raum“ stammt aus dem Althochdeutschen: rūmi steht für weit, geräumig und wird in den einzelnen Wissenschaften in unterschiedlichen Zusammenhängen benutzt.
(vgl. http://de.wikipedia.org/wiki/Raum, 06.09.2009)

Eine Orientierung für die Gestaltung von Kita-Räumen bietet die nachstehende Erklärung:

„Raum, Mathematik: im engeren Sinn und in der Elementargeometrie ein sich in drei Dimensionen (Länge, Breite, Höhe) ohne feste Grenzen ausdehnendes Gebiet.“
(c) Bibliographisches Institut & F. A. Brockhaus AG, 2005

Die Wahrnehmung der Dreidimensionalität eines Innenraumes ist von großer Bedeutung für eine im wahrsten Sinne sinnvolle Raumgestaltung. Oft unterschätzt werden die Wirkung und damit die Wichtigkeit des Fußbodens, der Wände und der Zimmerdecke. Daher schöpfen Pädagoginnen häufig nicht alle zur Verfügung stehenden Gestaltungsmöglichkeiten aus, die den Raum für Kinder vielfältig erfahrbar machen. Oder sie vernachlässigen die Wirkung von Decken oder Fußböden und begehen eindeutige Gestaltungsfehler. Mehr dazu sehen und lesen Sie in den folgenden Kapiteln.

Meine Raumerinnerung

Ein Blick in die eigene Vergangenheit, eine gedankliche Reise an die Orte unserer Kindheit geben uns wichtige Hinweise für die gegenwärtige Situation von Kindern. Bei dieser Übung werden die heutigen Anforderungen an die Gestaltung von Räumen für Kinder auf besondere Art und Weise deutlich.

Aufgabe: Jede Teilnehmerin notiert auf einer Karte, an welche Spielorte ihrer Kindheit sie sich erinnert. Danach tauschen sich alle Teilnehmerinnen über ihre Notizen in einem Gespräch aus.

Folgende Aussagen von Teilnehmerinnen haben wir bei verschiedenen Seminaren dazu gesammelt:

- der Dachboden
- die Küche
- draußen
- im Garten
- beim Schrottplatz
- bei den Mülltonnen
- im Wandbett
- hinter dem Schrank
- auf dem Ofen
- im Stall
- bei Oma
- auf dem Hof, Hinterhof
- in leerstehenden Ruinen

Bei dieser Übung haben wir oft gemerkt, dass es den Teilnehmerinnen anfangs schwierig erschien, sich genau zu erinnern, oder sie dachten, ihnen fiele dazu nicht viel ein.
In den folgenden Gesprächen gab es dann immer viel Staunen und Freude, Aufregung und Gelächter. Auf der Zeitreise in die Vergangenheit traten sich ähnelnde Erinnerungen zutage – das verbindet und machte die Teilnehmerinnen spürbar sehnsüchtig.
Unter den Antworten fallen zwei auf, die Erwachsene häufig nennen, weil sie mit intensiven Gefühlen verbunden sind: Der **Dachboden** steht für besonders schöne Erinnerungen. Dort konnte man kramen, suchen, wühlen, alte Kleider und Schuhe entdecken oder komische Dinge aus einer anderen Zeit finden (einen Muff, ein altes Bügeleisen, einen Fleischwolf). Ein wahrer Schatz für Kinder, ihre Fantasie war beflügelt. Eine andere Antwort, mit der Erwachsene jedoch unangenehme Gefühle verbinden, ist der **Keller**. Hier wird die Erinnerung an Ängste wieder wach:
die Angst vor Dunkelheit, vor dem typisch muffigen Kellergeruch, vor Spinnen, Mäusen, Ratten. Beide, die angenehme wie auch die unangenehme Erinnerung, sind intensiv und prägend für ein Leben und mit wichtigen eigenständigen Erfahrungen gekoppelt.

Räume für Kinder früher und heute

Was zeigt uns nun diese Übung? Die oben exemplarisch aufgeführten Antworten sind nur die häufigsten Nennungen. In den auswertenden Gesprächsrunden wurden viele verschiedene Dinge deutlich: Es stellte sich heraus, welch hohen Stellenwert die Außenaktivitäten in unserer Kindheit hatten. Das war ganz unabhängig davon, ob wir auf dem Land oder in der Stadt aufgewachsen sind. Ebenfalls wurde sichtbar, dass wir in der Regel mit vielen Kindern unterschiedlichen Alters gespielt haben. Ganze Kinderhorden bevölkerten das Dorf- und Stadtleben.
Vor 25 bis 40 Jahren hatten wir wenig Spielzeug, häufig nicht einmal ein eigenes Kinderzimmer. Unsere Spielorte schufen wir uns selbst. Wir sind in Sperrmüllcontainer geklettert, um geeignete Utensilien für den „Kaufmannsladen" im Gebüsch zu finden. Die Strohmiete diente als Rutsche, als Versteck, als Baumaterial. Natürlich wurden wir oft von Erwachsenen verscheucht, weil wir entweder gestört haben (zum Beispiel auf der Wiese vor dem Hochhaus) oder weil unser Spiel aus Sicht der Erwachsenen zu gefährlich war. Wir hatten unsere geheimen Orte, von denen kein Erwachsener etwas wusste. Wir spielten in der realen Welt, meist ohne fertiges Spielzeug. Wir haben uns die Welt angeeignet, indem wir hinausgegangen sind und die vielfältigsten Erfahrungen gesammelt haben, durch eigenes fantasiereiches Tun.

Schauen wir uns nun die heutige Situation der Kinder an. Frei spielende Kindergruppen gemischten Alters ohne die Beaufsichtigung von Erwachsenen sind die Ausnahme. Die Spielorte unserer Kindheit sind fast vollständig verschwunden. Das hängt vorrangig mit dem wirtschaftlichen Aufschwung und dem veränderten ästhetischen Empfinden von Erwachsenen zusammen. Wir finden kaum noch eine brachliegende Fläche in Dörfern oder Städten, die nicht eingezäunt ist. Es gibt wenige Baulücken im Stadtbild. Der Wald, der für viele von uns der Spielort schlechthin war, ist heute kein Spielort für Kinder mehr. Entweder ist er in der Wohnnähe der Kinder überhaupt nicht vorhanden, oder die Eltern verbieten ihren Kindern, allein im Wald zu spielen – zu groß ist die Angst, dass den Kindern etwas passieren könnte. Wie berechtigt diese Angst auch immer sein mag, es geht hier um die Feststellung einer veränderten Welt.

Und wie sieht es heute innerhäuslich aus? Die meisten Kinder haben ein eigenes Kinderzimmer. Sie besitzen viel Spielzeug. Doch wo spielen sie am liebsten? Das kann jede Mutter, jeder Vater, leicht beantworten: im Wohnzimmer, in der Küche, in der Nähe der Erwachsenen. Das führt häufig zu Stress-Situationen, weil sich Erwachsene von spielenden Kindern in ihrer Nähe schnell gestört fühlen können („Wofür hast du eigentlich ein eigenes Zimmer? Dort kannst du doch so schön spielen!"). Mit wem spielen die Kinder? Sie sind nicht mehr mit vielen Kindern gemischten Alters im Freien unterwegs, sondern treffen sich zu Hause mit einzelnen Spielfreunden. Das geschieht auch nicht mehr spontan, sondern nach vorheriger Verabredung. Die Eltern wissen fast immer, wo ihre Kinder sich befinden – und am liebsten möchten sie hinterher genau erfahren, was die Kinder gemacht haben. Da sind geheime Orte rar.

Zusammengefasst:
Kindheit hat sich verändert. Die natürlichen Spielorte, die Kindern früher so viele verschiedene Erfahrungen möglich machten, sind weitestgehend verschwunden. Der Blick durch Kinderaugen auf Räume und Orte für Kinder zeigt uns, was Kinder sich wünschen.
Die bewusste Gestaltung von Räumen und Orten für Kinder ist heute wichtiger denn je. Sie müssen natürliche Spielorte ersetzen. Nur so können Kinder wichtige, vielfältige Erfahrungen sammeln, die sie für eine gesunde Entwicklung brauchen.

Den Raum erfahrbar gestalten

Beim Gestalten von Räumen für Kinder müssen wir uns neben der Aneignung von Wissen in deren Lage versetzen, mit ihren Augen sehen. Dafür gibt es geeignete Übungen für alle Teammitglieder:

Eine Frage des Blickwinkels

„Perspektivwechsel": Gehen Sie bewusst langsam durch den Raum. Machen Sie sich Notizen zu den Fragen: Wie erlebe ich den Raum? Was gefällt mir? Was stört mich? Kann ich alles gut sehen? Begeben Sie sich anschließend auf Kinderhöhe: für die Perspektive von Kindern im Vorschulalter in die Hockposition, für die von Krippenkindern in Sitzposition oder sogar in Liegeposition. Wiederholen Sie die Raumbegehung mit den vorangegangenen Fragestellungen noch einmal. Was hat sich verändert? Was können Sie nicht sehen? Können Sie Bilder und Uhren an den Wänden sowie Mobile in Augenhöhe erkennen, oder müssten Sie als Kind den Kopf nach hinten neigen? Zum Abschluss nehmen Sie sich einen Stuhl, stellen ihn auf verschiedene Positionen im Raum und stellen sich darauf. Wiederholen Sie die vorgegebene Fragestellung. **Achten Sie bewusst auf Ihre veränderten Wahrnehmungen.**

Tipp:

Auch mit Kindern ab fünf Jahren können Sie diese Übungen machen, um mit ihnen gemeinsam den Raum auf lebendige Art und Weise zu erkunden. Kindern gefällt der Teil mit dem Stuhl, alternativ mit einem Tritt oder einer Leiter, oft am besten. Das liegt daran, dass sie den Raum ganz anders erleben können, wenn sie selbst größer sind. In Räumen mit einer durchschnittlichen Höhe von 2,50 m fühlen sich Kinder klein. Und wer fühlt sich schon gern klein? Kinder füllen mit ihrer Größe ungefähr ein Drittel der Raumhöhe aus. Das wäre ungefähr so, als würden Erwachsene in einem 5 m hohen Raum stehen. Da ist die Erfahrung, durch einen Stuhl oder eine Leiter zu „wachsen" und größer zu sein, eine sehr angenehme.

Perspektivwechsel: Lassen Sie auch die Kinder den Raum aus verschiedenen Höhen erfahren.

Auswertung:

Sie werden den Raum je nach Ihrer Position unterschiedlich erleben. Auf dem Stuhl erscheint Ihnen alles, was in Fußbodennähe ist, weit entfernt. Auf dem Schrank finden Sie vielleicht Dinge, die Sie schon lange Zeit vermisst haben. Manches, was Erwachsene problemlos im Überblick haben, ist aus Kinderhöhe nicht zu sehen. Da wird schon die Tischkante zur Sichtbarriere. Folgendes ist mir (Ute Bendt) einmal in der Praxis passiert: Ich bastelte gerade mit Vorschulkindern und hatte auf einem Tisch am anderen Ende des Raumes eine Schere liegengelassen. Ich bat einen Jungen, mir diese zu holen. Der Junge stand vor dem Tisch und sagte, er könne sie nicht finden. Ich war etwas ungehalten, weil ich nun doch selbst gehen musste, um die Schere zu holen. Unreflektierte Gedanken wie: „Er sieht den Wald vor Bäumen nicht", „Er hat wohl Tomaten auf den Augen" etc. schlichen sich in meinen Kopf. Als ich am Tisch ankam, sah ich, dass ein dickes Buch vor der Schere lag. Auf Grund seines horizontalen Blickwinkels konnte der Junge die Schere gar nicht sehen! Ich dagegen aus 60cm höherer Position hatte einen schrägen Blickwinkel, weshalb ich die Schere auch aus der Entfernung auf dem Tisch liegen sah. Aus heutiger Sicht frage ich mich, wie oft mir wohl damals solche Situationen widerfahren sind, in denen ich den Kindern Unrecht tat.

Kindorientierte Raummessungen

Nehmen Sie gemeinsam mit Kindern einen Raum in seinen Ausmaßen durch spielerisches Messen bewusster wahr. Einige Vorschläge für das Ausmessen, die immer einen direkten Bezug zu Kindern haben, sind folgende:

- Wie lange braucht ein Kind, um auf die andere Raumseite zu kommen (Zeit stoppen)?
- Wie viele Fußtapse kann ein Kind hintereinander machen?
- Spannen Sie einen Wollfaden von einer Seite zur anderen. Hängen Sie diesen anschließend gut sichtbar auf.
- Stapeln Sie Schuhkartons gemeinsam mit Kindern bis zur Decke übereinander.
- Wie viele Kinder können sich von einer Seite zur anderen hintereinander stellen?

Achten Sie bei Ihren individuellen Raummessungen darauf, dass Sie nicht nur **Längen und Breiten** eines Raumes ausmessen, sondern unbedingt auch **Höhen und Diagonalen**, damit Sie Kindern die Dreidimensionalität des Raumes verdeutlichen. Ganz „nebenbei" sind solche Aktionen (Raum-Lage-Beziehungen, geometrische Formen) eindeutig Teil des mathematischen Bildungsbereiches. Kinder kommen noch auf ganz andere Ideen. Ermutigen Sie die Kinder, eigene Vorschläge für Raummessungen zu machen.

Wie hoch ist diese Kiste? Messen mit den eigenen Körpermaßen.

Auswertung:

Mit diesen spielerischen Übungen erlebt und erfährt ein Kind auf einprägsame und nachvollziehbare Weise, wie hoch, lang und breit ein Raum ist, wie groß Abstände oder Höhenunterschiede sind. Mit Begriffen wie „Sieben Meter" kann ein Kind nichts anfangen. Was soll es sich darunter vorstellen? Wenn es aber weiß, dass es ausgestreckt zehn Mal hintereinander in einen Raum passt, dann hat ein Kind einen klaren Bezug zu Maßen und Größenordnungen und eignet sich den Raum auf persönliche Weise an. Sich einen Raum zu eigen zu machen, in dem man viel Zeit verbringt, hat auch viel mit „Ankommen" und „Wohlfühlen" zu tun.

Der andere Gang

Suchen Sie sich eine Person Ihres Vertrauens aus dem Team. Lassen Sie sich die Augen verbinden. Nun führt Sie diese Kollegin, dabei leise sprechend, am Arm durch die Räume. Richtungsänderungen können durch Verstärkung des Armdrucks ausgelöst oder kurz angesagt werden. Bei Kindern wird diese Übung immer nur mit einem Spielpaar durchgeführt, währen die anderen Kinder schweigend zusehen. Es genügt hier auch, dass die Kinder die Augen schließen. So können sie selbst bestimmen, wann sie die Augen doch lieber öffnen möchten. Bei dieser Übung geht es auch um Vertrauen und Sicherheit.

Mit geschlossenen Augen nimmt man Räume ganz anders wahr.

Auswertung:

Mit geschlossenen Augen nehmen Sie Gerüche, Geräusche, Temperatur- und Lichtveränderungen intensiver wahr. Durch den Wegfall des Sehsinnes versucht der Körper, durch Sensibilisierung der anderen Sinne die notwendigen Informationen zu erlangen. Die Übung zwingt Sie geradezu, den Raum anders als nur durch Ihre Augen zu erfahren. Vielleicht merken Sie dabei erstmals, dass der Raum ziemlich kalt ist oder hellhörig. Kinder nehmen solche Dinge viel intensiver wahr, ohne sie direkt zu artikulieren. Es hat jedoch auf das Befinden und Verhalten von Kindern einen enormen Einfluss, ob ein Raum beispielsweise kalt oder hellhörig ist. Außerdem werden Sie feststellen, dass Sie mit verbundenen Augen erwarten, dass der Raum kürzer ist. Das ist zu beobachten, wenn eine Person mit verbundenen Augen in Wandrichtung geführt wird. Sie streckt bereits lange, bevor sie an der Wand ankommt, die Hände als Schutzhaltung vor ihren Körper, damit sie nicht gegen die Wand läuft. Viele Erzieherinnen berichteten von ihrer Unsicherheit auf Grund von Ängsten und fehlendem Vertrauen während des „anderen Gangs".

Raumwirkungen

Die letzten beiden Übungen innerhalb der Sensibilisierungsphase beschäftigen sich mit Raumwirkungen. **Welche Gefühle können Räume auslösen?** Notieren Sie dazu im Team stichpunktartig Ihre Gedanken.
Hier kommen einige Aussagen zu Raumwirkungen von Kindern und Erzieherinnen: gruselig, kuschelig, gemütlich, eng, kalt, steril, kitschig, chaotisch, magisch, erdrückend, harmonisch, geheimnisvoll, langweilig, ordentlich, strukturiert, überladen, verwirrend, anregend, voll, deprimierend ...

Die zweite Übung an alle Teammitglieder lautet: **Gestalten Sie eine Raumwirkung nach!** Verwenden können Sie hierfür z.B. Schuhkartons, Stoff- und Papierreste, Tapetenreste (z.B. vom Baumarkt), Naturmaterialien, jede Menge Recyclingmaterial (leere Jogurtbecher, Gemüsenetze etc.), Kleber, Cuttermesser, Tacker, Farben, Pinsel. Wählen Sie aus der Sammlung der Begriffe, die Sie im Team notiert haben, einen aus. Gestalten Sie diesen räumlich so nach, dass andere Personen (Kinder oder Kolleginnen) den Begriff auf Grund Ihrer Darstellung erraten können.

Variation: Wenn Sie diese Übung im Team machen, empfiehlt sich eine Lostrommel mit den unterschiedlichen Raumwirkungen. Jede Erzieherin gestaltet das gezogene Los nach. Zum Abschluss findet die Raterunde statt. Wir haben erlebt, dass zwar eine konkrete Raumwirkung umgesetzt wurde, aber auf Grund der Wahl der Gestaltung die Betrachter anders empfanden. Die Wahl der Methode „Lostrommel" ist deshalb eine gute, weil sich Erzieherinnen erfahrungsgemäß für die Gestaltung von Raumcharakteristika entscheiden, die ihnen ohnehin „liegen". Es ist jedoch eine besondere Herausforderung, ein Gefühl umzusetzen, zu dem man erst einmal keine konkrete Gestaltungsidee hat. Das bedingt die Auseinandersetzung mit Begriffen und Vorstellungen, die in der Raumgestaltung eine große Rolle spielen, aber häufig vernachlässigt werden. Erzieherinnen fiel es in unseren Seminaren schwer, die Begriffe „harmonisch", „natürlich" und „anregend" umzusetzen. Leichter fiel ihnen das Sichtbarmachen von Raumeigenschaften wie „steril", „deprimierend" oder „geheimnisvoll".
Die gestalteten Schuhkartons haben sich als tolle Spielanregung für Kinder bewährt, unabhängig davon, welche Raumwirkung dargestellt wurde. Die Rückmeldungen von Erzieherinnen lauteten ähnlich: Kinder – ganz gleich ob Jungen oder Mädchen – haben die Schuhkartons sofort „in Beschlag" genommen.

Auswertung:

Bei dieser Übung gestalten Sie einen Raum in Miniaturgröße nach. Vielleicht haben Sie sich instinktiv für eine bestimmte Farbe entschieden und genau das Gefühl ausgelöst, das Sie zeigen wollten. Es kann jedoch auch sein, dass Sie ein spezielles Gefühl darstellen wollten und erkennen, dass die Wirkung eine ganz andere ist, als Sie erwartet und sich gewünscht hatten. Die Miniatur-Übung ist ein kostengünstiger Test und hilft Ihnen, Fehler zu vermeiden. Auf allgemeine Farbwirkungen und deren gezielten Einsatz kommen wir im folgenden Kapitel näher zu sprechen.

Raumfaktoren

Nach der Sensibilisierungsphase, in der Sie unterschiedliche Raumerfahrungen gesammelt und vielleicht schon den einen oder anderen AHA-Effekt erlebt haben, kommen wir nun zu theoretischen Grundlagen der Raumgestaltung und zu klaren Praxisvorschlägen. Die Aussagen werden durch Fotos ergänzt, die wir in pädagogischen Einrichtungen aufgenommen haben. So können Sie gut nachvollziehen, was wir mit den jeweiligen Anregungen meinen.

Im vorangegangenen Kapitel haben wir von unterschiedlichen Raumwirkungen gesprochen. Jeder Mensch kennt das: Er kommt in einen Raum, und sofort löst dieser ein bestimmtes Gefühl aus. Da gibt es Räume, in denen wir uns sofort wohlfühlen, andere lassen uns frösteln, wieder andere irritieren uns. Woran liegt das? Welche Ursachen führen zu diesen unterschiedlichen Wahrnehmungen? Das beantworten wir in diesem Kapitel. Wir ergründen die so genannten „Raumfaktoren". Sie sind es, die einem Raum die Wirkung geben, die die Nutzerin oder Betrachterin spürt und die letztlich ein konkretes Raumgefühl auslösen. Wenn Sie diese Faktoren verstanden und verinnerlicht haben, können Sie gezielt Einfluss auf die Wirkung eines Raumes nehmen. Und das ist ja schließlich eines der Ziele des vorliegenden Buches.

Fragen Sie Ihre Kolleginnen eingangs, welche Faktoren ihrer Meinung nach bestimmend dafür sind, wie ein Raum erlebt wird. Kommen Sie auf alle Aspekte? Einige davon sind allseits bekannt und werden immer genannt, andere werden erfahrungsgemäß selten beachtet, obwohl deren Wirkungen enorm sind.

Licht

Hierbei ist zu unterscheiden zwischen natürlichem Licht – das durch Fenster, Oberlichter, Lichtschachte, Wanddurchbrüche oder durch Türfenster den Raum erhellt – und künstlichem Licht. Damit sind alle von Menschenhand geschaffenen Lichtquellen gemeint. **Das ausgelöste Gefühl beim Betreten eines Raumes steht in direktem Zusammenhang mit der Lichtbeschaffenheit des Raumes.** Licht kann einen Raum behaglich machen oder ihn grell und ungemütlich erscheinen lassen. Deshalb ist die bewusste Gestaltung von Licht innerhalb eines Raumes von großer Wichtigkeit. Denken Sie an den Unterschied von Kerzenschein bei einem romantischen Abendessen im Vergleich zu greller Deckenbeleuchtung! Es ist einzig und allein das Licht, das hier den Unterschied ausmacht. Das ist im Kita-Alltag nicht anders.

Viele natürliche Lichtquellen durch Fenster ermöglichen es manchmal, ganztägig auf künstliches Licht zu verzichten.

Besser als Neoröhren: Deckenlampen wie diese.

Im Sommer ist es bereits hell, wenn die Kita morgens öffnet. Im Winter kann es durchaus bis acht Uhr dauern, dass die Sonne aufgegangen ist. Dieser Umstand sowie die allgemeine Wetterlage führen zu unterschiedlichen Lichtverhältnissen. Morgens mögen es viele Kinder gemütlich, kuscheliger, nicht so hell, um in der Kita seelisch und körperlich anzukommen. Im Tagesverlauf setzen sie dann unterschiedliche Spielideen um. Die Ausleuchtung des Raumes ist diesen veränderten Situationen anzupassen. Das gelingt Ihnen durch eine **Kombination aus künstlichen und natürlichen Lichtquellen**. Das natürliche Licht gelangt in der Regel durch Fenster in den Raum. Einige Einrichtungen haben Oberlichter, also Deckenfenster. Diese erhöhen den Anteil des natürlichen Lichtes und ermöglichen es, fast ganztägig auf künstliche Lichtquellen zu verzichten.

Es muss auch dunkel sein

In Seminaren oder bei Raumbegehungen in Kitas haben wir oft erlebt, dass Erzieherinnen einen Raum als zu dunkel charakterisierten. Meist ist das Gegenteil der Fall. Die Räume sind zu sehr ausgeleuchtet. Es gibt Gruppenräume in Einrichtungen, die große Fensterfronten, manche sogar an mehreren Seiten des Raumes, haben. Hier ist es notwendig, über geeignete, kindertaugliche Abdunkelungsmöglichkeiten nachzudenken, um die Vielfältigkeit der kindlichen Spielformen zu unterstützen. Wer will schon im Hellen kuscheln? Kindertauglich meint in diesem Zusammenhang, dass die Abdunkelungen der häufigen Nutzung durch Kinderhände standhalten. Die meisten Innenrollos und Vorhänge halten das nicht lange aus. Ein gute – und nur auf den ersten Blick kostenintensive – Möglichkeit sind **Außenrollos**, da sie gleichzeitig die Hitze draußen lassen. Die Kosten für vierteljährlich neu zu kaufende

Flexible Deckenkonstruktionen wie diese lassen sich den individuellen Bedürfnissen anpassen.

Innenrollos oder Jalousien sind genauso hoch wie für ein Außenrollo, das eine lange Lebensdauer hat. Eine andere Möglichkeit ist die Anbringung verschiebbarer Holzplatten, die in Schienen an Decke und Fußboden oder an Decke und Fensterbrett verlaufen. Bei Bedarf können sie von den Kindern vor das jeweilige Fenster oder die Wand geschoben werden. Hier ist eine Stoppvorrichtung am Ende der Wand als Klemmschutz notwendig. Gleichzeitig können Sie diese Holzplatte zu Dokumentationszwecken nutzen.

Wer will schon im Hellen kuscheln?
Jede Kita braucht auch Abdunkelungsmöglichkeiten.

Flexible Lichtquellen

Studien haben ergeben, dass Kinder in Räumen mit natürlichem Licht besser lernen als Kinder, die in Räumen dauerhaft künstlichen Lichtquellen ausgesetzt sind. Leider gibt es nach wie vor in vielen Kindereinrichtungen Neonlicht. Dieses Licht ist ein kaltes, hartes, ungemütliches Licht, das zur Zeit der Industrialisierung entwickelt wurde, damit Menschen auch abends und nachts munter bleiben und durchgängig arbeiten können. Neonlicht leuchtet den Raum vollständig aus. Der Mensch „verliert" seinen Schatten, und auch im Raum gibt es keine dunkle, unausgeleuchtete Nische, um sich zurückzuziehen. Erwachsene und Kinder klagen über dieses Licht, fühlen sich in solch ausgeleuchteten Räumen nicht wohl und vermeiden oft, dieses Licht einzuschalten. Besser sind **indirekte Lichtquellen**, die Sie im Raum flexibel einsetzen können: Wandleuchten, Stehlampen, höhenverstellbare Deckenleuchten. Lampen mit einem eingebauten Dimmer geben Ihnen viel Spielraum, Helligkeiten zu variieren. Auch ein farbiges Tuch, das Sie über oder vor eine Lampe hängen (achten Sie dabei auf genügend Abstand zur Glühbirne), farbige Glühbirnen oder Lampenschirme machen einen Raum gemütlich und setzen angenehme Lichtakzente. Eine ausreichende Ausleuchtung der Arbeitsplätze von Kindern in der dunklen Jahreszeit können Sie durch Decken-Arbeitslampen gewähren. Neonlicht ist dafür nicht notwendig. Entscheidend ist die Helligkeit der Lichtquelle. Der Handel bietet hierfür eine große Auswahl an Leuchtmitteln. Einige Kitas haben bereits flexible Deckenlampenkonstruktionen einbauen lassen. So können die Mitarbeiterinnen die Räume den Bedürfnissen der Kinder entsprechend umgestalten, ohne durch die Position der Deckenlampen eingeschränkt zu sein.

Flexible Lichtquellen und indirektes Licht machen einen Raum gemütlich und setzen angenehme Lichtakzente.

Kinder brauchen freie Sicht aus dem Fenster.

Fenster

Innerhalb des Raumfaktors „Licht" kommt den Fenstern eine große Bedeutung zu. Die Fenster dienen nicht nur dem Einlass von natürlichem Licht. Fenster stellen die Verbindung zwischen der Außenwelt und der Innenwelt dar. Beobachtet man alte Menschen und kleine Kinder, sind die Fenster die Lieblingsplätze beider Gruppen. Kinder schauen aus dem Fenster, um die Verbindung nach außen nicht abzubrechen, um nichts zu verpassen, um sich nicht eingesperrt zu fühlen. Sie dürfen ja nicht zu jedem Zeitpunkt nach draußen. Für die älteren Menschen – erst recht, wenn sie nicht mehr so gut zu Fuß sind – bieten Fenster die Möglichkeit, durch Beobachtungen an der Außenwelt teilzuhaben. Alte Menschen können nicht zu jedem Zeitpunkt nach draußen. Für die bewusste Raumgestaltung ist es also unabdingbar, Kindern den Zugang zu den Fenstern (nicht das Öffnen der Fenster) zu ermöglichen. Wünschenswert wären **Fenster, die bis zum Fußboden reichen**. In Einrichtungen mit hoch gelegenen Fenstern müssen Sie den Kindern eine Möglichkeit geben, jederzeit selbstständig aus dem Fenster sehen zu können, z.B. durch Tritte oder Podeste. Wenn Sie Pflanzen auf Fensterbänke oder auf den Fußboden vor ein Fenster stellen, dann behindert das die **freie Sicht** von Kindern aus einem Fenster. Um dem zu begegnen, empfehlen wir Ihnen, ein Fenster des Raumes mit Pflanzen zu versehen („Dschungelfenster") und die anderen Fenster frei zu lassen. Auch alle anderen Dekorationen auf Fensterbänken schränken den freien Zugang zu einem Fenster ein. Eine Erzieherin sagte uns gegenüber einmal. „Die Kinder finden die Dekoration auf den Fensterbänken nicht schlimm. Wenn sie rausgucken wollen, schieben sie sie einfach zur Seite." Nun ja, Sie können nicht wissen, ob das alle Kinder tatsächlich so machen. Vielleicht trauen sich das manche nicht? Die Aufgabe besteht darin, Kindern einen freien Zugang zu Fenstern zu ermöglichen. Noch ein Hinweis zu Fensterbemalungen oder Fensterschmuck: Wenn Sie Fensterflächen in irgendeiner Form gestalten, dann erstens immer nur mit Kindern gemeinsam, zweitens muss die Gestaltung zeitlich begrenzt sein (jahreszeitliche Motive), drittens muss immer noch genügend Freiraum zum Herausschauen bestehen und viertens sollten niemals alle Fenster davon betroffen sein. Noch einmal: **Fenster sind zum Rausgucken da und um Licht in den Raum zu lassen.**

Damit Erwachsene nachvollziehen können, wie wichtig für Menschen die Möglichkeit ist, aus dem Fenster zu schauen, sei hier noch einmal an eine Turnhalle mit ihren sehr hoch eingebauten Fenstern erinnert – oder, noch eindringlicher, an Gefängnisse. Dort befinden sich die Fenster immer hoch oben kurz unter der Decke. Die Vorstellung, sich unter solchen Lichtverhältnissen einen (Arbeits)-Tag lang aufzuhalten, geht einher mit dem Gefühl, eingesperrt zu sein. Dieses Gefühl ist untrennbar damit verbunden, nicht aus dem Fenster sehen zu können.

Bevor Sie das Licht eines Raumes verändern, beobachten Sie, wie sich die Lichtverhältnisse im Tagesablauf entwickeln. **Wo, in welchem Bereich des Raumes, ist es wann hell?** Es ist nicht erforderlich, einen Raum komplett auszuleuchten, da es in der Regel klare Arbeits- und Funktionsbereiche gibt. Grundsätzlich sollten für Arbeitsplätze helle Bereiche (in Fensternähe) genutzt werden. Bevor Sie künstliche Lichtquellen einsetzen, prüfen Sie immer erst, ob ein natürlicher Lichteinfall durch den Einbau von Oberlichtern, Wanddurchbrüchen oder durch Glaselemente in der Tür erzeugt werden kann.

Farbe

Auch die farbliche Gestaltung von Räumen hat eine große Wirkung auf das Raumempfinden. Wir unterscheiden häufig zwischen **kalten und warmen Farben**. Verschiedene Begriffe und Erkenntnisse aus unterschiedlichen Farbenlehren fließen in unser Wissen ein. Dazu zählen z.B. der Farbkreis, Komplementärfarben, Farbwirkungen, Farbskalen etc. Es ist erforderlich, sich mit den verschiedenen Farbtheorien eingehend zu beschäftigen, um die gewünschte Wirkung zu erzielen bzw. fachliche Beratung in Anspruch zu nehmen. Farbtheorien/Farbenlehren haben u. a. aufgestellt: Johann Wolfgang v. Goethe, Wilhelm Ostwald, Johannes Itten, Rudolf Steiner und Harald Küppers. Die unterschiedlichen Ansätze führen zu unterschiedlichen Schlussfolgerungen. Als Beispiel sei hier die Wirkung der Farbe Rot genannt. Sie gilt zum einen als Signalfarbe, die bewirkt, dass der Mensch aufmerksamer ist, sein Adrenalinspiegel steigt und er in eine so genannte „Hab-Acht-Haltung" gelangt. In der Natur haben Feuer oder Blut die Farbe Rot – in beiden Fällen geht es ums Überleben, also um elementar wichtige Dinge. Blumen lösen damit das Interesse bestimmter Tierarten aus. Vom Menschen wird Rot daher bewusst als Signalfarbe eingesetzt – im Verkehr bei Verbotsschildern oder dem Autobremslicht. Eine andere Behauptung ist, dass Rot beruhigend wirkt, da das menschliche Auge automatisch im Innern die Komplementärfarbe grün erzeugt, um gegen die starke Farbe anzugehen und eine Harmonie zu erzeugen. Es gibt Empfehlungen, unruhige Kinder bewusst eine Zeit lang in roten Räumen spielen zu lassen, da das Auge wie eben beschrieben als Reaktion die Farbe grün erzeugt, diese Information ans Gehirn weitergeleitet wird und somit beruhigend auf das kindliche Verhalten wirkt. Machen Sie sich selbst ein Bild über die Inhalte der verschiedenen Farbtheorien, um herauszufinden, mit welchem Ansatz Sie sich identifizieren können. Es ist weiterhin empfehlenswert, sich eingehender mit Farbwirkungen auseinanderzusetzen. Hierzu gibt es diverse psychologische Abhandlungen, da auf Grund dieser Erkenntnisse unter anderem Farbtherapien entwickelt wurden.

Eine warme, klare Farbgestaltung wirkt sich positiv auf das Wohlbefinden der Kinder aus.

Einige Beispiele zum Thema Farbwirkung seien an dieser Stelle zum besseren Verständnis genannt.

Farbkreis

Komplementärfarben

Komplementärfarben stehen sich im Farbkreis gegenüber. Sie ergeben in der additiven Farbmischung weiß. Machen Sie zur komplementären Wirkung der Farben folgendes Experiment: Nehmen Sie ein weißes Blatt Papier. Schneiden Sie aus rotem Papier einen Kreis (ca. 10 cm Durchmesser) aus, und kleben Sie ihn auf das weiße Papier. Schauen Sie anschließend 30 Sekunden auf den roten Farbkreis. Schließen Sie kurz die Augen. Schauen Sie nun in Ihre geöffnete Handfläche. Sie werden einen grünen Farbkreis in Ihrer Hand sehen.
Nutzen Sie in der Raumgestaltung Komplementärfarben, um Kontraste zu setzen.

Pastellfarben

Pastellfarben zählen zu den „kalten“ Farben. Warum? Sie sind ausschließlich mit Weiß gemischt. Sie haben eine entsprechende Wirkung auf den Menschen. Problematisch an Pastellfarben ist, dass sie nur untereinander und mit Weiß kombinierbar sind. Das führt z.B. zu den derzeit im Trend liegenden „Prinzessinnen-Zimmern“, die vollständig – von der Tapete über die Möbel bis hin zum Teppich – in Rosa, Pink und Weiß gehalten sind. Für viele weibliche Erwachsene ist dies die Erfüllung heimlicher Mädchenträume. Sollten Sie solch einen Raum kennen oder selbst gestaltet haben, machen Sie einmal folgendes Experiment:
Schauen Sie sich den Raum einmal ohne Kinder an und anschließend mit Kindern. Da die Kinder in der Regel heutzutage „farbenfroh“ gekleidet sind und kräftige Farben wie Blau, Rot, Grün in der Kinderbekleidung stark vertreten sind, dürfte die Wirkung nicht ausbleiben: Die Farbwahl der Kinderkleidung „beißt“ sich mit der farblichen Raumgestaltung und wird als anstrengend oder störend erlebt. Der Grund ist die **Farbreizüberflutung** für das Auge. Es kann keine Harmonie zwischen den Farben herstellen, da diese nicht kombinierbar sind. Die extreme Farbausrichtung des Raumes auf die Farben Weiß, Rosa und Pink führt dazu, dass Sie das Kind mit seiner Bekleidung als Störfaktor wahrnehmen. Der leere Raum erscheint einem angenehmer als der Raum mit dem spielenden Kind. Folge: Manch eine Mutter sorgt gleich noch für das passende „Prinzessinnen-Outfit“, inklusive Ranzen, Turnbeutel etc. – damit es alles „schön harmonisch“ zusammenpasst.

Zeichnen auf rotem Untergrund

Ein führender Kindermöbelhersteller hatte in den 80er Jahren eine Kollektion herausgebracht, in der die Tischarbeitsflächen und alle Schranktürelemente entweder in blau oder rot gehalten waren. Was das bedeutete, zeigt ein nächstes Experiment, das Sie gern einmal durchführen können: Stellen Sie auf einen Holztisch Buntstifte und Papier. Lassen Sie die Kinder frei zeichnen. Beobachten Sie, wie die Kinder beim Zeichnen mit den Stiften aufdrücken. Am nächsten Tag legen Sie eine rote Wachstuchdecke auf den Tisch. Bieten Sie den Kindern wieder Buntstifte und Papier zum Zeichnen an. Beobachten Sie die Kinder erneut. Was stellen Sie fest? Die Kinder drücken mit den Stiften intensiver auf das Papier und versuchen, stärkere, dickere Striche zu ziehen.

Warum? Weil die Untergrundfarbe des Tisches eine starke Wirkung auf sie hat, und die Kinder versuchen als unbewusste Reaktion, gegen das intensive Rot mit Buntstiften einen Kontrast herzustellen und dagegen „anzukämpfen".

Aber die Kinder mögen Lila!

Rufen Sie sich noch einmal die erste wichtige Erkenntnis aus dem 2. Kapitel ins Gedächtnis: „Die Raumgestaltung darf keine Frage des persönlichen Geschmacks sein ...". Erzieherinnen argumentieren durchaus wie folgt: „Aber die Kinder lieben die Farbe Lila!" (Lila sei hier nur als Beispiel genannt.) Es geht nicht in erster Linie darum, ob Kinder eine Farbe mögen, sondern darum, welche Wirkung der betreffende Raum erzielen soll. Können Sie sich einen Entspannungs- oder gar Schlafraum in Lila vorstellen? Ein Hort wählte für den Bereich der Erstklässler eine Türfarbe in leuchtendem Lila. Begründet wurde das mit dem Argument, dass die Kinder diese Farbe mögen, und außerdem dient der Farbeinsatz der Orientierung. Was meinen Sie: Wie wird sich ein unsicheres Kind wohlfühlen, das diese Tür öffnen soll, um in eine ihm fremde Umgebung zu treten? Wie anders würde sich das Kind fühlen, wenn die Tür einen Glasanteil zum Durchgucken hätte und entweder in Naturholz oder in warmen Orange-Tönen gehalten wäre? Um sich mit Kindern auf den Weg zu einer guten Raumgestaltung zu machen, ist es notwendig, ihnen eigene Erfahrungen zu ermöglichen, damit sie erleben, wie Farben wirken. Eine Möglichkeit wäre, mit Kindern die auf S. 16 beschriebene Übung durchzuführen: eine Raumwirkung mittels Farbwahl in einem Schuhkarton darzustellen.
Bei der Farbwahl für **Krippenräume** haben sich **Apricot-Töne** bewährt. Auch wenn die Kinder noch nicht sprechen, können Sie an

Warme Gelb- und Orangetöne haben sich für die Gestaltung von Krippenräumen bewährt.

deren Verhalten sehr genau Veränderungen beobachten, z.B., wenn der Raum vorher bunt gestaltet war und nun ein orangefarbenes Gesamtkonzept den Raum bestimmt. In einigen reformpädagogischen Ansätzen ist die bewusste Entscheidung für eine Raumfarbe erkennbar. Mit Orange- und Gelbtönen assoziieren wir Sonne, Wärme. Dass wir das Sonnenlicht für ein positives Lebensgefühl benötigen, ist unumstritten. Nicht umsonst werden bestimmte Erkrankungen auch mit einer Lichttherapie behandelt. Räume mit einer farblichen Grundausrichtung in **„Gelb"** (nicht Neongelb oder Zitronengelb, sondern Rapsgelb oder Sonnengelb) führen dazu, dass sich Menschen in diesem Raum wohlfühlen. **Warme Gelb- und Orangetöne wirken wie ein wärmender Sonnenstrahl, wie ein Streicheln der Seele.** Natürlich sind Kinder in solch einer angenehmen Umgebung viel mehr bereit, sich zu öffnen, aktiv zu werden. Die Grundvoraussetzung, sich auf den Tag einzulassen, ist, sich wohl, warm und geborgen zu fühlen. Damit also (Krippen)Kinder neugierig ihre Welt in den (Krippen)Räumen erobern, muss die positive Grundstimmung, die der Raum erzeugt, gewährleistet sein.

Allgemein bewährt haben sich in Gruppenräumen Farben in **warmen Naturtönen**, von Orange über Oliv bis Braun (so genannte „Country-Farben" oder auch Herbstfarben). Farbtöne sollten immer aufeinander abgestimmt sein, das schließt auch die Fußboden- und Deckenfarbe mit ein. Es empfiehlt sich, die Zimmerdecke nicht weiß zu lassen, sondern farblich zu integrieren. Hohe Räume wirken niedriger, wenn Sie die Decke in dunklen Farben streichen. Bei Raumhöhen bis 2,40m empfehlen wir helle Farbtöne. Die Wand, die Fenstern gegenüberliegt, kann farblich am dunkelsten gestaltet werden, da der Lichteinfluss die dunkle Wirkung mindert. Gute Erfahrungen haben wir mit **Blautönen im Entspannungsraum** gesammelt: Für die Wandfarbe, den Raum teilenden Vorhang und den Liegenschrank wurden dunkle Blautöne gewählt. Als Kontrast gab es zwei Kuscheldecken und Kissen in Orangetönen.

So lieber nicht!

Akustik

Ein weiterer wichtiger Faktor innerhalb der Wirkung eines Raumes ist die Akustik. Diese sollte sich an der Funktion des Raumes orientieren. Ein Raum, in dem es stark schallt, ist für Entspannungen oder als Schlafraum denkbar ungeeignet. Dagegen benötige ich in einem Unterrichtsraum oder auch in einem Turnraum akustische Gegebenheiten, unter denen ich laut und verständlich für die Zuhörerinnen bin. **Teppiche, Vorhänge und Naturholzmöbel** „schlucken" Geräusche. **Dicke Tapete** hat ebenfalls eine schalldämpfende Wirkung. In Räumen, in denen Sie den Geräuschpegel reduzieren möchten, empfehlen sich also alle Naturmaterialien. Industriell geschaffene – und damit verdichtete – Materialien reflektieren Geräusche.

Ein Beispiel:
In einer Kita wurden zwei große Räume unterschiedlich tapeziert – der eine mit einer dicken Vliestapete, der andere mit Raufasertapete. In dem Raum mit Raufasertapete herrscht bei gleichen Rahmenbedingungen ein weitaus größerer Lärmpegel.
Die bewusste Lärmreduzierung in Kita-Räumen kommt nicht zuletzt auch den Erzieherinnen zugute, die sich den ganzen Tag in den betreffenden Räumen aufhalten. Der Lärmpegel in einer Kita ist ohnehin hoch, weil Kinder nun mal Lärm machen (und das sollen sie auch dürfen). Aber extrem störender und an den Nerven zehrender Lärm, der durch das Hin- und Herschieben von Tischen oder Stühlen erzeugt wird oder durch Geschirrgeklapper beim Essen – der ist vermeidbar. Die negativen Auswirkungen von alltäglichen Lärmbelästigungen sind von den Unfallkassen bestätigt: Eine der häufigsten berufsbedingten Erkrankungen von Pädagoginnen ist Tinnitus. Erzieherinnen staunen immer wieder darüber, welch spürbar positiven Effekt die Geräuschminimierung in Räumen auf ihre eigene Stimmung, auf ihr Wohlbefinden und ihre Gesundheit hat. Und eine Erzieherin, die sich wohlfühlt und entspannt ist, verhält sich auch Kindern gegenüber gelassener und leistet damit eine bessere pädagogische Arbeit.

Tipp:

Bei den Unfallkassen kann man sich Lärmampeln ausleihen. Diese zeigen Ihnen den Lärmpegel in einem Raum an: Grün bedeutet, der Lärmpegel ist okay, Gelb bedeutet, der Lärmpegel ist grenzwertig, bei Rot ist der Lärmpegel eindeutig gesundheitsschädigend. Solch eine Lärmampel bietet sich an, wenn Sie nicht sicher sind, wie die Geräuschsituation in einem Raum tatsächlich ist. Manchmal entspricht die gefühlte Lautstärke nicht der tatsächlichen. Gleichzeitig dient eine Lärmampel als visuelle Orientierung für die Kinder, auf ihre eigene Lautstärke zu achten und dafür sensibilisiert zu werden, welcher Lärmpegel ihnen guttut und wann es zu laut ist. Während unserer Besuche von Kindertagesstätten haben wir immer wieder Kinder in Gruppenräumen erlebt, die sich ab einer bestimmten Lautstärke die Ohren zugehalten haben. Ein klares Signal!

Raumklima

Das Raumklima wird bestimmt durch die Luftfeuchtigkeit, die Lufttemperatur und den Sauerstoffgehalt eines Raumes. In schlecht belüfteten Räumen bekommen Menschen schneller Kopfschmerzen, da das Gehirn nicht ausreichend mit Sauerstoff versorgt wird. Je mehr Menschen den Raum nutzen, desto schneller wird der Sauerstoff verbraucht. Diese Erfahrung haben Sie bestimmt schon einmal während eines Elternabends in einem geschlossenen Raum gemacht. Wenn Sie in der Pause den Raum verlassen und ihn danach wieder betreten haben, ist Ihr erster Impuls: Fenster aufreißen!

„Das Wohlbefinden eines Menschen wird vor allem durch die Aktivität der körpereigenen Thermoregulation bestimmt. Je mehr Wärme man produzieren muss, um nicht zu frieren, und je mehr man schwitzen muss, um nicht zu überhitzen, desto unwohler fühlen wir uns. Dabei ist die Thermoregulation eng mit dem Blutkreislauf verknüpft, und jede Anpassung der Körpertemperatur beansprucht diesen, entweder in Form von Kältestress oder einer Wärmebelastung. Menschen mit Kreislaufproblemen sind daher besonders temperaturempfindlich. Die Empfindung von Kälte und im gegensätzlichen Fall auch von Hitze ist zudem subjektiv …" (Quelle: www.wikipedia.de, Suchbegriff „Gefühlte Temperatur")

Ist ein Raum zu kalt, friere ich. Wenn ich friere, muss ich mich bewegen, damit mir warm wird. In einem solchen Raum ist es schwierig, sich über einen längeren Zeitraum nicht zu bewegen und sich auf etwas zu konzentrieren. Ist er zu warm, schwitze ich. Dies wiederum ist gerade in Schlafräumen ungeeignet, um zur Ruhe zu kommen und zu entspannen. In diesem Fall ist die hohe Zimmertemperatur oft kombiniert mit einem schlechten Sauerstoffgehalt.

Mit einem Thermometer haben Sie die optimale Raumtemperatur immer im Blick.

Die empfohlene Raumtemperatur wird meist mit 18 Grad angegeben. Manch einem erscheint dies zu kühl. **Grundsätzlich sollte die Raumtemperatur jedoch 21 Grad nur in Räumen übersteigen, in denen man eine überwiegend sitzende Tätigkeit ausübt.** Bei Temperaturen über 25 Grad sinkt die körperliche Leistungsfähigkeit um bis zu 25 %. (Wir wissen, dass Unfallkassen gerade im Krippenbereich höhere Raumtemperaturen schon in Fußbodenhöhe vorgeben. Da warme Luft bekanntlich nach oben steigt und Heizungen oft an Wänden angebracht sind, ahnen Sie, welche Temperatur in einer Höhe ab 80 cm herrscht, wenn im Fußbodenbereich bereits 22 °C gewährleistet sein sollen.) In unseren Empfehlungen orientieren wir uns an wissenschaftlichen Erkenntnissen und unseren Beobachtungen. Erzieherinnen, die sich auf unsere Temperaturvorschläge eingelassen haben, empfanden nach drei Wochen den Raum nicht mehr als zu kalt. In der Übergangsphase haben sie sich wärmer gekleidet.

Ist die Luftfeuchtigkeit eines Raumes zu hoch, kann es zu Schimmelbildung oder Allergien und damit zu schwerwiegenden gesundheitlichen Schäden der den Raum nutzenden Personen kommen. **Eine optimale Luftfeuchtigkeit in Räumen liegt zwischen 40 % und 60 %, je nach Raumtemperatur.**

Tipp:

Bringen Sie in Ihren Räumen ein Thermometer und ein Barometer an. So haben Sie die Temperatur und die Luftfeuchtigkeit immer im Blick. Gleichzeitig setzen Sie sich gemeinsam mit den Kindern mit den Bereichen Natur und Wissenschaft auseinander.

Raumgröße

Auch die Raumgröße entscheidet darüber, wie wohl und behaglich sich Kinder in Räumen fühlen. In über 3 Meter hohen Räumen fühlen sie sich klein. Enge Räume wirken eher erdrückend, beklemmend. In zu weiten Räumen fühlen sich Kinder verloren. Die Größe der Räume muss den jeweiligen Themen der Kinder entsprechen. Beachten Sie, dass gerade im Krippenalter die Bewegung der Motor der kindlichen Entwicklung ist und die Kinder deshalb genügend Platz zum Robben, Krabbeln und Laufen benötigen. In zu niedrigen Räumen hat man das Gefühl, einem würde „die Decke auf den Kopf fallen". In der Regel haben die Räume in Kindereinrichtungen eine Höhe zwischen 2,40 m und 3 m. Für Erwachsene ist das eine angenehme Raumhöhe, für Kinder ist das zu hoch. Stellen Sie sich vor, wir würden mit Ihnen in eine Turnhalle gehen, in der Mitte einen Stuhlkreis aufbauen oder Matten für Entspannungsübungen auslegen. Was glauben Sie: Könnten Sie in einem solchen Raum entspannen, sich öffnen?

Raumfunktion

Räume haben unterschiedliche Funktionen. Sie werden also für unterschiedliche Dinge genutzt. Einen Unterrichtsraum nehmen Sie anders wahr als den gemütlichen Lesebereich mit Ohrensesseln in einer Bibliothek. Wir entwickeln auf Grund unserer gesammelten Erfahrungen eine bestimmte Erwartungshaltung, wie ein Raum zu sein hat, wie er auf uns wirken sollte. Ein strukturierter Raum mit sichtbaren Lernmaterialien in offenen Regalen wird in Ihnen höchstwahrscheinlich nicht die Lust auf Höhlenbau, Verkleidungsspiele oder gemütliches Kuscheln wecken.

Die Gestaltung eines Raumes richtet sich primär nach der Funktion, die dieser Raum erfüllt.

Raumnutzer

Spielen Sie einmal bewusst „Mäuschen". Konzentrieren Sie sich tagsüber darauf, wie Sie den Raum mit Kindern erleben. Vergleichen Sie Ihre Eindrücke mit denen während eines Elternabends in dem gleichen Raum. Merken Sie etwas? Der gleiche Raum besitzt „plötzlich" eine andere Ausstrahlung, nur durch den Umstand, dass andere Zielgruppen ihn nutzen. Auch die Funktion des Raumes ist eine andere. Tagsüber ist er der Spielplatz der Kinder, abends wird er zum Versammlungsort der Erwachsenen.

Für die Um- oder Neugestaltung von Räumen empfehlen wir Ihnen deshalb, dass Sie die Wirkung eines Raumes zu unterschiedlichen Zeiten und Situationen wahrnehmen: mit Kindern, ohne Kinder, mit Erwachsenen, mit vielen Menschen, mit wenigen Menschen. Erst dann können Sie eine Aussage darüber treffen, wie ein Raum umfassend wirkt und was Sie daran konkret verändern möchten.

Möbel

Stellen Sie sich vor, Sie hätten zweimal den gleichen leeren Raum mit der gleichen Anordnung der Fenster und Türen zur Verfügung. In den ersten Raum stellen Sie eine geschlossene Plastik-Schrankwand mit viel Stauraum, einen großen Plastik-Tisch mit sechs Plastik-Stühlen und ein metallenes Aktenordnerkarussell. Im zweiten Raum platzieren Sie zwei offene Holzregale mit einer Maximalhöhe von 1m, dazu legen Sie einen runden, farblich abgestimmten Teppich aus, verteilen einige Bodenkissen und Sitzsäcke und bauen eine Stehlampe auf. Der Unterschied der Raumwirkung könnte nicht gravierender sein.

Fazit:
Aus der Reggio-Pädagogik stammt der viel zitierte Satz: **„Der Raum ist der dritte Erzieher."** Prof. Dr. Gerd E. Schäfer modifizierte diese Aussage auf dem 2. Pädagogischen Fach-

So lieber nicht!

kongress „Augen auf unsere Kinder“ innerhalb seines Vortrages „Bildung von Geburt an denken“ folgendermaßen: „Der Raum ist der erste Erzieher.“ Welche Gewichtung auch immer zutreffender sein mag – da möchten wir uns nicht festlegen –, was unumstritten ist: **Ein Raum wirkt auf Kinder, und zwar stark. Und wenn Sie es gut machen, dann wirkt ein Raum auch erzieherisch.**

Klare Aufteilung, Möbel entsprechend ihrer Funktion.

Kapitel 2

Spiel|buden|zauber

Schritt|für|Schritt

Zusammenarbeit mit Eltern

Wenn Sie die Eltern für Ihr Vorhaben der Raumumgestaltung begeistern wollen, machen Sie dies durch Aushänge und einen thematischen Elternabend transparent. Nutzen Sie einige der nachstehenden Übungen für die Umsetzung des **Elternabends**. Fragen Sie, wer Ihnen bei welchem Arbeitsschritt während der Raumveränderung helfen kann und ob Sie die Unterstützung der Eltern für einen gemeinsamen Arbeitseinsatz mit Kindern haben. Vielleicht gibt es Eltern mit Fachkenntnissen, z.B. Architekten, Innenausstatter etc.? Hängen Sie einen **Elternbriefkasten** auf, um die Meinung der Eltern zu erfahren. Legen Sie Informationsmaterial aus. Schaffen Sie in Ihrer Einrichtung einen Elternbereich, um Eltern am Alltag der Einrichtung teilhaben zu lassen. Fragen Sie sich, welche Möglichkeiten Eltern hinsichtlich der Raumgestaltung haben, in der Kita zu hospitieren (z.B. Sitzgelegenheiten).

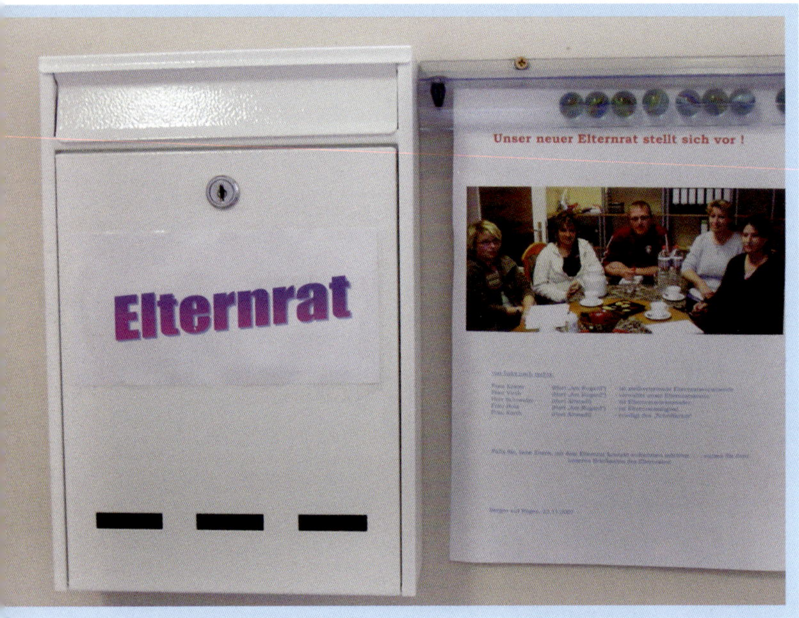

Kompetente Unterstützung durch die Eltern ist wichtig, wenn Sie Räume umgestalten möchten.

Warum das alles? So erfährt das Recht der Kinder auf elterliche Fürsorge eine grundlegende Beachtung in der Praxis. Sie nehmen die Eltern im Sinne einer gelungenen Erziehungspartnerschaft mit auf den Weg der bewussten Raumgestaltung. Beide Seiten profitieren davon. Sie bekommen Unterstützung seitens der Eltern bei einzelnen Arbeitsabschnitten und durch die Fachkompetenz der Eltern. Die Eltern erfahren selbst, was es bedeutet, Orte für und mit Kindern zu schaffen und welche positiven Auswirkungen diese auf die kindliche Entwicklung haben. So manch ein **Kinderzimmer** zu Hause kommt dabei ebenfalls auf den Prüfstand.

Weniger ist mehr

Beginnen Sie die Neu- oder Umgestaltung Ihrer Räume mit dem Perspektivwechsel. Stellen Sie sich anschließend folgende Einstiegsfrage: Welche Bedeutung hat jeder im Raum vorhandene Gegenstand, jedes Detail? Alles, was sich im Raum befindet, muss einen bestimmten pädagogischen Zweck erfüllen. Das richtet sich natürlich auch nach der Funktion des Raumes. Diese Funktion muss klar definiert sein. Entweder erfüllen die Dinge, die sich im Raum befinden, für die Kinder einen Zweck oder für die Erzieherin oder für beide. Fragen Sie sich bei jedem Gegenstand, bei jedem Bild: Welchen Sinn, welche Bedeutung hat dieser Gegenstand oder dieses Bild für die Kinder und/oder für die Erzieherin selbst? Eine Geschmacksantwort wie: „Ich fand das Bild so niedlich“ gilt nicht! Seien Sie bei der Beantwortung der Frage ehrlich zu sich selbst – und vor allem konsequent im **Entsorgen überflüssiger Dinge**. Stellen Sie sich einfach vor, Sie müssten uns zu jedem Gegenstand im Raum die fachliche Begründung nennen, warum dieser sich dort befindet. Jedes Detail braucht eine eindeutige Daseinsberechtigung. Alles, was keinen nachvollziehbaren pädagogischen Sinn ergibt und als überflüssig bezeichnet werden kann, entfernen Sie konsequent aus dem Raum.

Es ist übrigens keine ausreichende Begründung für einen im Raum befindlichen Gegenstand, dass es sich um ein Geschenk von XXX handelt. Kurzzeitig kann ein Geschenk im Raum bleiben, wenn die Kinder einen Bezug dazu haben und eine bestimmte Erinnerung damit verbinden. Aber nach einiger Zeit verliert sich häufig die Spur zu solchen Geschenken, erst recht, wenn sie keinen Zweck im Alltag der Kinder erfüllen.

Osterscherenschnitte zur Weihnachtszeit?
Das muss nicht sein.

Das Missverständnis „Dekoration"

Meist sind es Frauen, die Gruppenräume für Kinder gestalten. Die Versuchung von Frauen, einen Raum zu dekorieren, ist offenbar groß. Doch das ist nicht die Aufgabe von pädagogischer Raumgestaltung. Wir haben zu Beginn des Buches schon einmal über Geschmacksfragen gesprochen. Überprüfen Sie bitte genau, was sie warum wohin stellen, hängen oder legen. Rufen Sie sich immer wieder ins Gedächtnis, dass Sie keinen privaten Raum gestalten.

Überflüssiges kommt weg

Erfahrungsgemäß findet sich viel „Überflüssiges" in einem Gruppenraum. Während einer solchen kritischen Überprüfung werden Sie Dinge erfassen, die Ihnen schon längst nicht mehr aufgefallen sind. Diese „Betriebsblindheit" ist die Folge einer Reizsättigung: Einen Reiz, dem Sie täglich ausgesetzt sind, nehmen Sie irgendwann nicht mehr als Reiz wahr. So fanden sich bei dieser Übung in einer Kita zur Weihnachtszeit noch Osterscherenschnitte an den Fenstern, ohne dass die Erzieherinnen sich dessen bewusst waren. Geschirr in einem hohen Regalfach wurde kommentiert mit: „Das sah sonst so leer aus." Auf Nachfrage erfuhren wir, dass es seit Jahren nicht benutzt wird. Sie werden ähnliche Erfahrungen machen und so den einen oder anderen „Staubfänger" aufspüren. Denken Sie daran, dass Argumente wie: „Das hing schon immer dort" oder „Das haben wir mal geschenkt bekommen" nicht ausreichend für die Daseinsberechtigung der Gegenstände im Raum sind. So sollten Sie auch Plakate und Bilder im Raum nicht nur auf die Höhe der Anbringung überprüfen, sondern auch auf die Motivwahl. Was hat z.B. ein Werbeposter für Süßigkeiten im Baubereich einer Kindergartengruppe zu suchen?

So geht es:
Sie benötigen mindestens **zwei große Kartons**. In den einen kommen alle Gegenstände, die keinerlei Daseinsberechtigung/Funktion für die Kinder und für Sie haben. Dieser wird zum Schluss entsorgt. Gern können andere Gruppen vorher den Karton sichten, ob er Gegenstände enthält, die für die aktuellen

Spielthemen dieser Kinder von Bedeutung sind. In den zweiten Karton werden alle Gegenstände, Spiele, Materialien gelegt, die durchaus eine Funktion für Kinder haben, aber derzeit von ihnen nicht benötigt werden. Dieser Karton muss aufbewahrt werden. Bei zukünftigen erneuten Begehungen mit dieser Fragestellung kann der zweite Karton erneut gesichtet werden, und die Kinder können schauen, ob sie nun den einen oder anderen Gegenstand brauchen. Wiederholen Sie diese pädagogische Aufräumaktion inklusive der Fragestellung mindestens zweimal im Jahr, und entrümpeln Sie Ihre Räume mit der nötigen Konsequenz. Hier wird noch einmal deutlich: **Raumgestaltung ist nie zu Ende, wenn sie sich tatsächlich an den Bedürfnissen der Kinder orientiert**.

Beobachtungen helfen

Als nächstes schlagen wir Ihnen vor, Beobachtungen zum Spielverhalten der Kinder im Raum durchzuführen. Beobachten Sie Folgendes:

- Wie spielen die Kinder?
- Wo spielen die Kinder?
- Womit spielen die Kinder?
- Was nehmen die Kinder besonders an?
- Was nehmen die Kinder gar nicht an?
- Welche Gegenstände werden häufig quer durch den Raum getragen?
- Welche Sachen zum Spielen erreichen die Kinder selbstständig, an welche kommen sie gar nicht selbstständig heran?
- Gibt es typische Stolperstellen (z.B. eine Teppichkante)?
- Welche Spielsituationen sind besonders lautstark?

Die Hauptaufgabe der Beobachterin besteht darin, die Themen der Kinder zu erkennen und darauf innerhalb der Raumgestaltung zu reagieren. **Wenn Sie feststellen, dass bestimmtes Spielzeug von den Kindern nie genutzt wird, entfernen Sie es.** Die Themen der Kinder unterliegen Veränderungen, die Räume sollten daher je nach den aktuellen Interessen der Kinder Flexibilität zulassen. Manche Einrichtungen haben eine „spielzeugfreie Zeit" eingeführt. Diese eignet sich gut dafür, den Raum einmal komplett leer zu räumen. Veränderungen in einem leeren Raum sind einfacher umzusetzen als Veränderungen in einem gefüllten Raum. Reagieren Sie beim Neugestalten individuell auf die Antworten, die Sie zu den oben stehenden Fragen gefunden haben.

Weniger ist mehr! Entfernen Sie überflüssige Dekoration.

Kinder haben Rechte

Auf dem Weg zu einer professionellen pädagogischen Raumgestaltung ist es unabdingbar, sich mit den kindlichen Bedürfnissen auseinanderzusetzen. Hilfreich ist hierfür die UN-Kinderrechtskonvention von 1989. Ausgehend von der Frage „Was braucht ein Kind, um sich optimal entwickeln zu können?", wurden grundlegende Rechte der Kinder formuliert. Viele Staaten der Welt, u.a. Deutschland, haben die UN-Kinderrechtskonvention unterschrieben. Und hier sind die zehn verbrieften Rechte der Kinder:

1. *Das Recht auf Gleichheit*
2. *Das Recht auf Gesundheit*
3. *Das Recht auf Bildung*
4. *Das Recht auf elterliche Fürsorge*
5. *Das Recht auf Privatsphäre und persönliche Ehre*
6. *Das Recht auf Meinungsäußerung, Information und Gehör*
7. *Das Recht auf Schutz im Krieg und auf der Flucht*
8. *Das Recht auf Schutz vor Ausbeutung und Gewalt*
9. *Das Recht auf Spiel, Freizeit und Ruhe*
10. *Das Recht auf Betreuung bei Behinderung*

Wir geben Ihnen an dieser Stelle einen Einblick in die Inhalte der Rechte, die einen konkreten Bezug zur Raumgestaltung in Kindereinrichtungen haben. Wir legen Ihnen ans Herz, sich ausführlich mit den Rechten der Kinder zu beschäftigen sowie entscheidende Begriffe, wie z.B. Gesundheit, Bildung und Privatsphäre, fachlich zu hinterfragen. Dieses Wissen ist nicht nur für die Raumgestaltung von großer Bedeutung, sondern auch für Ihre gesamte pädagogische Arbeit. In jedem Falle sollten sich die Rechte der Kinder in Ihrer Raumgestaltung wiederfinden. Das ist ein wichtiger und entscheidender Anspruch an eine Raumgestaltung im Sinne der Kinder.

Eine gute pädagogische Raumgestaltung wird den verbrieften Rechten der Kinder gerecht.

Das Recht auf Gleichheit

Jedes Kind hat das gleiche Recht auf Zuwendung, Aufmerksamkeit, Liebe, Trost, Bildung. Das heißt nicht, dass alle Kinder das Gleiche zur selben Zeit machen müssen oder Zuwendung zur gleichen Zeit bekommen. Und es heißt auch nicht, dass die Art und Weise, wie die Erzieherin auf dieses Recht eingeht, bei jedem Kind immer die gleiche ist.

Ein Beispiel:
Manch ein Kind braucht als Begrüßung am Morgen fünf Minuten Kuschelzeit auf dem Schoß der Erzieherin, ein anderes Kind freut sich genauso über das morgendliche Lächeln, einen Händedruck oder eine kurze Umarmung.

Das Recht auf Gesundheit

Gesundheit bedeutet, dass das Kind sich seelisch und körperlich wohlfühlt. Kinder haben das Recht, in einer Umgebung aufzuwachsen, in der ihre Gesundheit gestärkt wird. Die Umgebung darf sie nicht „krank machen". Die Bezugspersonen sind verantwortlich für die Umsetzung und Bewahrung solcher Rahmenbedingungen. Es ist notwendig, sich bewusst mit den **drei großen Säulen der Gesundheit** auseinanderzusetzen: **Ernährung, Entspannung und Bewegung.**

Das Recht auf Bildung

Das Kind hat das verbriefte Recht, eine Umgebung vorzufinden, in der Selbstbildungsprozesse angeregt werden und in der es unterstützt wird, eigene Lösungen zu entwickeln. Auch hier kommt der Bezugsperson eine entscheidende Rolle zu, da ihre Reaktion auf das Handeln des Kindes im Wesentlichen mitentscheidet, ob das Kind seinen Weg fortsetzt oder abbricht. Die grundsätzlichen Fragen lauten: Wie kann die Erzieherin jedes Kind an seinem Entwicklungsstand abholen? Welche Rahmenbedingungen sind dafür erforderlich (Raumgestaltung, Tagesstruktur, pädagogischer Ansatz – um nur einige Beispiele zu nennen)? Wie kann die Bezugsperson selbst als lernendes Vorbild durch die Kinder erlebt werden? Mit Bildung ist keine Wissensvermittlung gemeint, die den Kindern zeigt, wie etwas geht, und die Kinder lernen es dann auswendig. Bildung heißt: **Das Kind lernt durch eigenes Tun und Erleben, Fehler werden vom Kind als Chance erlebt, es erneut zu versuchen und sein Verhalten zu korrigieren.**

Das Recht auf elterliche Fürsorge

Personensorgeberechtigte haben dafür Sorge zu tragen, dass das Kind sich entfalten kann und in seiner Entwicklung nicht gehemmt wird. Kinder brauchen Eltern, um sich angenommen zu fühlen, sie brauchen sie als Vorbild und als Orientierung. Eltern haben die Aufgabe, Kindern Sicherheit zu vermitteln. Dieses Recht muss ebenfalls in der Raumgestaltung von Kindereinrichtungen Berücksichtigung finden. Z.B. kann ein Kind **Fotos der Eltern** mit in die Kita bringen und diese jederzeit ansehen, wenn es das möchte.

Oder Kinder bringen Erinnerungen, Gegenstände, Bücher, Kuscheltiere von zu Hause mit in die Kita. Fordern Sie als Erzieherinnen die Eltern dazu auf! Die bewusste **Gestaltung des individuellen Schlafplatzes des Kindes** mit Unterstützung der Eltern (Kuscheldecke, Schmusetier, kleines persönliches Kopfkissen) ist eine weitere Möglichkeit, das Recht auf elterliche Fürsorge in den Kita-Alltag zu integrieren.

Das Recht auf Privatsphäre und persönliche Ehre

Das Kind hat das Recht auf Grenzsetzung, auf Rückzugsmöglichkeiten, auf Intimsphäre. Es hat darüber hinaus das Recht, jederzeit geachtet und nicht seelisch verletzt zu werden. Es „darf" Geheimnisse haben und „nein" sagen. Die Bezugspersonen haben die Pflicht, ihm verbal und nonverbal zu signalisieren, dass es geliebt wird und einzigartig auf der Welt ist. Das Recht der Kinder auf Intimsphäre spielt im Kita-Alltag in verschiedenen Situationen eine Rolle. Es gibt Kinder, die sich mit Händen und Füßen gegen das Wickeln im Liegen wehren. Eine mögliche Ursache kann sein, dass Kinder sich in der Liegeposition auf dem Rücken sehr hilflos und ausgeliefert fühlen. Wer möchte das schon sein? Wenn sich Kinder beim Wickeln nicht wohlfühlen, mit den Beinen strampeln und versuchen, sich auf den Bauch zu drehen, dann versuchen Sie bitte nicht, mit Ihrer Körperkraft die Situation so schnell wie möglich hinter sich zu bringen! Überlegen Sie, was dem Kind helfen könnte, sich zu entspannen, sich auf die besondere Situation einzulassen. Auch hier geht es wieder um Vertrauen – das Sie leicht verspielen, wenn Sie mit Macht Ihre Pflegemaßnahmen durchführen. Manchmal hilft Kindern ein **Greifspiel**, eine **kleine Figur** oder ein **Mobile** über dem Wickeltisch. Das erregt ihre Aufmerksamkeit, und sie können sich leichter auf die Wickelsituation einlassen. Wir empfehlen Ihnen, größere Kinder, die bereits stehen können und denen das Wickeln eventuell unangenehm ist, im Stehen zu windeln. Wickeltische haben ohne Sichtschutz nichts im Flur zu suchen, wo jeder Besucher, der gerade vorbeikommt, einen Blick auf das nackte Kind werfen kann. Wie würden Sie es finden, wenn Sie sich ab sofort morgens in einem beleuchteten Raum mit großen Fenstern ohne Gardinen und der permanenten Möglichkeit fremder Blicke umziehen müssten? Nur weil Kleinkinder sich nicht verbal äußern können, heißt das nicht, dass sie sich wohlfühlen oder die Situation gutheißen.

Es gibt Kinder, die nicht auf die Toilette gehen, wenn andere Kinder zeitgleich im Bad sind. Nehmen Sie solche Signale ernst! Sie möchten doch auch nicht unter Anwesenheit des ganzen Teams auf die Toilette gehen, oder? Kinder haben ein Gefühl für Intimität. Es wird ihnen nur zu oft abgesprochen. Blickschutzmaßnahmen sind also auch bei Babytoiletten empfehlenswert. Gefallen hat uns die Lösung einiger Kitas, einen **Duschvorhang** an der Decke anzubringen. Dieser ist kinderleicht zu handhaben und wird dem Bedürfnis der Kinder nach Intimität gerecht. Die Kinder können dann selbst entscheiden, ob sie ihn zuziehen oder nicht.

Des Weiteren gibt es Kleinkinder, die sich nicht vor anderen Kindern nackt ausziehen möchten. Akzeptieren Sie das und versuchen Sie nicht, das Kind zu nötigen. Kommentare wie z.B.: „Das Kind soll sich nicht so anstellen!“, „Was ist schon dabei!“, „Ich kann nicht für jedes Kind eine Extrawurst braten!“ sind keine wertschätzenden Reaktionen auf das kindliche Verhalten. Es geht nicht darum, ob Sie das kindliche Verhalten nachvollziehen können oder ob Sie sich selbst so verhalten würden. Nehmen Sie das Kind mit seinen Gefühlen ernst und gehen Sie individuell darauf ein. Manchmal hilft eine kleine räumliche Umgestaltung, durch die Sie Nischen schaffen: **ein Blickschutz, ein Vorhang, ein Paravent signalisieren dem Kind, dass Sie seine Bedürfnisse ernst nehmen.**

Mit einfachen Mitteln kann man das Recht auf Privatsphäre unterstützen.

Das Recht auf Meinungsäußerung, Information und Gehör

Das Kind hat das Recht, von Anfang an in Entscheidungen miteinbezogen zu werden, die es selbst betreffen. Es ist im Vorfeld darüber zu informieren, wenn Veränderungen geplant sind, die sein Leben betreffen. Es hat das Recht, mitzubestimmen und eigene Entscheidungen zu treffen. Die sich daraus ergebende Frage lautet: Welche verschiedenen Mitsprache- und Informationsmöglichkeiten bieten Sie dem Kind in den Einrichtungen?

Auch Kinder haben ein Gespür für Intimität. Versuchen Sie, dem gerecht zu werden, indem Sie Sanitärsituationen wie diese vermeiden.

Einige Erzieherinnen sind mit der vermeintlich guten Idee, am Freitagnachmittag oder gar am Wochenende die Räume der Kinder ohne deren Wissen neu zu gestalten, gründlich auf die Nase gefallen. Die Kinder kamen am Montag in ihre vertrauten Räume und waren alles andere als begeistert. Sie waren orientierungslos, unsicher und fühlten sich überrumpelt. Stellen Sie sich vor, Sie kommen nach einer Fortbildung nach Hause, und Ihr Lebenspartner hat die Zeit genutzt, Ihre Räume in der Wohnung sowohl funktional als auch gestalterisch grundlegend zu verändern. Die Küche ist auf einmal im Badezimmer, das Wohnzimmer ist Ihr Schlafzimmer, und die Bilder, die an der Wand hingen und Ihnen etwas bedeuteten, liegen im Keller oder gar in der Mülltonne. Ihr erstes Gefühl wird wohl kaum etwas mit Freude oder freudiger Überraschtheit zu tun haben. Vielleicht überprüfen Sie sogar, ob Sie die richtige Wohnung aufgeschlossen haben. Nicht anders ergeht es Kindern in solch einer Situation. Da nutzt die beste Absicht nichts. Fragen Sie Kinder nach deren Ideen und informieren Sie sie vorab. **Beginnen Sie erste Aufräumaktionen mit den Kindern gemeinsam, lassen Sie sie immer wieder schauen, wie der Stand der Dinge ist.** Das ist das Recht auf Meinungsäußerung, Information und Gehör.

Das Recht auf Schutz im Krieg und auf der Flucht

Dieses Recht berücksichtigt zum einen die UN-Forderungen, dass Kinder unter 16 Jahren nicht als Soldaten eingesetzt werden dürfen. Zum anderen sind Staaten, die Flüchtlingskinder aufnehmen, verpflichtet, diese mit Unterkunft und Essen zu unterstützen.
Die Konsequenzen für eine bewusste Raumgestaltung in Kindereinrichtungen liegen in der Auseinandersetzung mit Ängsten betreuter ausländischer Kinder, mit den Begriffen Migration, Integration sowie interkulturelle Erziehung. Für die pädagogische Arbeit bedeutet das: Wenn in einer Kita Migrationskinder leben, sollte das sowohl in der Präsentation der Einrichtung nach außen erkennbar sein als auch innerhalb der täglichen Arbeit. **Inwiefern fließt die Muttersprache mündlich oder schriftlich in den Alltag ein? Wie werden Traditionen, Rituale und alle anderen Aspekte der fremden Kultur in den Kita-Alltag integriert?**

Das Recht auf Schutz vor Ausbeutung und Gewalt

Das Kind hat das Recht, davor geschützt zu werden, dass ihm seelisch und/oder körperlich Gewalt angetan wird, z.B. durch Missbrauch oder Misshandlung. Niemand, ganz gleich, ob Erwachsene oder andere Kinder, darf das Kind ausbeuten, z.B. durch Kinderarbeit oder Erpressung im Kindergarten/auf dem Schulhof. Die Bezugsperson ist verpflichtet, sich mit den Begriffen Gewalt und Ausbeutung auseinanderzusetzen.
Sie hat die Ursachen für Gewalt und Ausbeutung zu erkennen. Aus diesem Wissen heraus sind Methoden zu entwickeln, diesen präventiv entgegenzutreten bzw. im Fall von Gewalt und/oder Ausbeutung diese nachhaltig zu beseitigen. Das Kind hat das Recht, ernst genommen zu werden, wenn es von Gewalt-Erfahrungen berichtet. Fragen Sie sich: Welche Möglichkeiten haben Kinder in Ihrer Einrichtung, ihre Gefühle zu äußern, sich mit diesen auseinanderzusetzen und selbst gestärkt zu werden, um nicht Opfer oder Täter von Gewalt und Ausbeutung zu werden? Möglichkeiten, die es innerhalb der Raumgestaltung gibt, sich mit den eigenen Gefühlen auseinanderzusetzen, sind z.B.: eine Höhle für den Rückzug, Entspannungsmethoden, ein Wutball oder ein Boxsack für das Ausleben von Aggressionen, Figuren, mit denen sich Kinder identifizieren können und die eine Spannbreite verschiedener Gefühle zeigen. (Ein Tipp ist das „Papilio-Projekt". Das ist ein pädagogisches Programm

Kinder sollten die Möglichkeit haben, Aktivitäten in Ruhe ausführen und beenden zu können.

für Kindergärten zur Primärprävention von Verhaltensproblemen und zur Förderung von sozial-emotionaler Kompetenz. Ziel ist, die psychosoziale Gesundheit der Kinder zu fördern, damit sie später die Möglichkeit haben, den Risiken, die zu Sucht- und Gewaltverhalten führen können, selbstbewusst zu begegnen.) **Bewerten Sie Gefühlssituationen von Kindern niemals!** In Einrichtungen haben wir Listen gesehen mit Smileys und bösen Gesichtern, auf denen festgehalten wurde, welches Kind „lieb" war und welches „böse". Solch eine Wertung von Gefühlszuständen – denn diese sind es, die Erzieherinnen damit benoten – ist aus fachlicher Sicht nicht zu akzeptieren. Sie nehmen den Kindern die Möglichkeit, ihre Gefühle differenziert auszuleben.

Das Recht auf Spiel, Freizeit und Ruhe

Das Kind hat ein Recht, zu spielen. Es ist die Pflicht der Erzieherin, sich erst mit der Definition des Begriffes „Spiel" und anschließend mit den verschiedenen Spielformen auseinanderzusetzen. Darüber hinaus muss die Bezugsperson die elementare Bedeutung des kindlichen Spiels für die Entwicklung des Kindes erkennen und Rahmenbedingungen schaffen, die dem Stellenwert gerecht werden. Freizeit bedeutet nichts anderes als freie Zeit, in der das Kind selbst bestimmen kann, wie es diese verbringen will, z.B. mit „Nichtstun". Ruhe zu haben, ist ein Luxus in der heutigen Zeit. Mit dem Recht auf Ruhe ist nicht allein die Mittagsschlafzeit gemeint, sondern die **Möglichkeit, in Ruhe Aktivitäten beenden zu können, in Ruhe nachden-**

ken zu können, dem Kind die Zeit zu geben, die es für bestimmte Aufgaben benötigt. Die entscheidende Frage lautet demnach: **Wie viel Zeit für Spiel, Freizeit und Ruhe steht dem Kind tagtäglich zur Verfügung, und welche Spielformen kann es erleben?**

Das Recht auf Betreuung bei Beeinträchtigungen

Es ist die Aufgabe der Erzieherin, Kindern mit körperlichen oder geistigen Beeinträchtigungen die gleichen Rechte zuzugestehen wie allen anderen Kindern. Das bedeutet z.B., ihnen Bildung zu ermöglichen, dafür zu sorgen, dass sie nicht ausgegrenzt werden, ihnen Mitspracherecht zu garantieren sowie all die anderen bereits genannten Rechte zu gewährleisten. Ein beeinträchtigtes Kind zu betreuen, heißt, individuelle Voraussetzungen zu schaffen, die diesem Kind eine Entwicklung unter Berücksichtigung der garantierten Rechte ermöglichen. Unserer Ansicht nach dürften sich Integrations-Kitas von anderen Kitas nicht signifikant unterscheiden. Eine konsequente Antwort auf dieses Recht innerhalb der Raumgestaltung wäre die Barrierefreiheit in allen Kitas. Das wäre eine gleichberechtigte Behandlung von Kindern mit Beeinträchtigungen.

Die Rechte der Kinder findet man in vielen Publikationen unterschiedlich formuliert. Die Grundaussagen jedoch sind identisch. Die Fragen, die sich für Sie aus der Beschäftigung mit den Rechten ergeben, sind:

- Inwiefern werden die Kinderrechte in Ihrer Kindereinrichtung berücksichtigt?
- Welchen Bezug zur Raumgestaltung gibt es?

Wenn Sie die Rechte der Kinder auf sich wirken lassen, werden Sie selbst den klaren Bezug zu bestimmten Entscheidungen innerhalb der Raumgestaltung erkennen.

Wir empfehlen dazu folgende Übung: Schreiben Sie die Rechte der Kinder auf ein großes Blatt. Lassen Sie dazwischen genügend Abstand. Schreiben Sie zu jedem Recht Beispiele aus der Raumgestaltung Ihrer Einrichtung auf, die diesem Recht bereits Beachtung schenken. Überlegen Sie, welche Entscheidungen anstehen, damit Sie auch auf die Rechte eingehen, denen Sie derzeit noch nicht gerecht werden. Die abschließende Überprüfung eines Raumes, wenn Sie mit allen Veränderungen fertig sind, hält optimalerweise allen Rechten der Kinder stand.

Kinder haben Rechte. Es liegt an Ihnen, sie ihnen zuzugestehen.

Wie viel Zeit hat jedes Kind täglich ganz für sich?

Das Dornröschenprinzip

Für die bauliche Sicherheit in Deutschlands Kindertagesstätten sind die Unfallkassen (Deutsche Gesetzliche Unfallversicherung) verantwortlich. Sie nehmen bauliche Veränderungen oder Neubauten in Kitas ab. Die Unfallkassen reagieren in ihren Richtlinien auf empirisch belegte häufige Unfallquellen und -ursachen. Natürlich ist das Hauptinteresse solcher Sicherheitsvorkehrungen, Unfälle von Kindern (und Mitarbeiterinnen) in Kitas zu vermeiden. Es ist gut, dass es eine diesbezügliche staatliche Kontrolle gibt. Doch zwei Aspekte erschweren eine professionelle Arbeit von Pädagoginnen im Zusammenhang mit diesen gesetzlichen Vorschriften: Erstens gibt es divergierende länderspezifische Regelungen der einzelnen Unfallversicherungsträger. Zum Beispiel sind in Berlin und Brandenburg im Krippenbereich Doppelstock-Gitterbettchen nach wie vor zulässig, in Mecklenburg Vorpommern dagegen dürfen seit April 2009 keine neuen angeschafft werden. Zweitens widersprechen einige gesetzliche Richtlinien der Unfallkassen eindeutig Erkenntnissen aus der Entwicklungspsychologie.

Der begleitete und kontrollierte Umgang mit Gefahrensituationen gehört zu einer gesunden Entwicklung eines Kindes. Wenn jede kleinste Gefahrenquelle von vornherein beseitigt wird, können Kinder keine diesbezüglichen Erfahrungen sammeln und demzufolge auch keine Lösungen entwickeln. Aber Gefahren gehören zum Leben. Wir reden hier nicht von lebensbedrohlichen Situationen oder Gefahren, die zu schweren Verletzungen führen können. Diese Risiken müssen selbstverständlich mit aller Sorgfalt ausgeschaltet bzw. soweit wie möglich minimiert werden. Aber Stufen an einer geschlossenen Wand zu entfernen, weil Kinder darüber stolpern könnten, ist absurd. Erst recht, wenn Kinder im Kita-Alltag diese Stufen gern als Sitzplatz oder für das Rollenspiel nutzen. Genauso kontraproduktiv, wenn man es zu Ende denkt, ist das Anbringen eines Klemmschutzes an Türen. Wenn Kinder an solch einen Klemmschutz in der Kita gewöhnt sind, schenken sie dem Öffnen und Schließen der Türen keine sonderliche Beachtung, weil sie damit keine potentielle Gefahrensituation verbinden. Was passiert aber nun, wenn diese Kinder andere Türen außerhalb der Kita betätigen? Die eingeklemmten Finger sind vorprogrammiert! Natürlich sind Türen potentielle Gefahrenquellen, aber einen Klemmschutz anzubringen, ist keine Lösung! Im Gegenteil, die Unfallquelle ist aus der Kita zwar verbannt, aber lautet das Prinzip „nach mir die Sintflut"? Kinder müssen lernen, Türen mit der nötigen Vorsicht zu bedienen. Und es werden ihnen noch einige Türen im Leben begegnen ...

In den vergangenen Jahren gab es zwei häufig besprochene Unfälle in Kitas, bei denen ein Krippenkind im ersten Fall Pinnadeln, im zweiten Fall einen Magnetstift und eine Metallkugel (aus einem Konstruktionsspiel) verschluckt hat. Die auswertende Reaktion, Pinnadeln und das Magnetspiel aus dem Krippenbereich zu entfernen, ist nachvollziehbar und angemessen. Aber im Personalraum oder im Hortbereich Pinnadeln zu verbieten, ist unverhältnismäßig. Hier heißt es für Erzieherinnen, genau wie in Situationen, in denen Kinder eine Schere benutzen, ihrer Aufsichtspflicht nachzukommen, die Kinder zu begleiten und sie an den richtigen Umgang mit Gefahrensituationen heranzuführen.
Wir nennen den oft praktizierten Umgang mit potentiellen Gefahren in Kindertagesstätten gern das **„Dornröschenprinzip"**. Dornröschen hätte sich zu seinem 15. Geburtstag sicherlich nicht an der Spindel gestochen, wenn der König nicht vorher alle Spindeln vernichtet hätte. Schon im Alter von drei oder vier Jahren hätte Dornröschen einer Frau an der Spindel zusehen und dabei erfahren können, dass man die Spindel vorn nicht anfassen sollte, weil das weh tut. In seinen Kinder- und Jugendjahren hätte Dornröschen selbst spinnen und einen sicheren

Umgang mit der Spinnnadel erlernen können. Dann hätte die Fee zu Dornröschens 15. Geburtstag keine Chance gehabt, es zu verfluchen, denn es hätte sich nicht gestochen! Kindertageseinrichtungen sind Orte des Wohlfühlens und des Lernens. Wie wollen wir Kinder auf das reale Leben vorbereiten, wenn wir Orte schaffen, die mit dem realen Leben wenig tun haben? **Eine Kindertagesstätte darf kein Elfenbeintürmchen sein!** Damit nehmen wir Kindern die wichtige Chance, Erfahrungen zu sammeln, die sie befähigen, mit schwierigen Situationen in ihrem Leben umzugehen. Und es ist ohnehin nicht möglich, jede Gefahrensituation vorauszusehen oder auszuschließen und Kinder vor jedem Kratzer zu bewahren. Von diesem Wunschtraum können viele Mütter ein Lied singen.

Uns ist bewusst, dass es manchmal eine Gratwanderung ist, nötige Sicherheitsvorkehrungen zu treffen und gleichzeitig Kindern die Möglichkeit der Entfaltung und des Lernens zu geben. Unsere Empfehlung: Nutzen Sie die Unterstützung Ihrer Träger und Dachverbände, um mit Unfallkassen gegebenenfalls in fachliche Diskussionen zu treten. Nehmen Sie nicht jede (neue) Auflage diskussionslos hin. Auch das bedeutet Verantwortung für die Kinder, die Sie betreuen. Das Interesse von Unfallversicherungen ist auch ein finanzielles, deshalb wollen sie jeden Unfall vermeiden. Denn der kostet Geld. Argumentieren Sie also gegenüber den Versicherungen nicht nur aus entwicklungspsychologischer oder pädagogischer Sicht, sondern auch damit, dass die Vermeidung von Unfallursachen manchmal das Gegenteil bewirkt, weil Kinder keine Kompetenzen im Umgang mit Gefahren entwickeln.

Die Ambitionen, eine Kita gefahrenfrei zu gestalten, widersprechen der klaren Aufforderung, die Natur als den idealen Spielplatz und damit als den optimalen Lernort zu begreifen und zu nutzen. An keinem vergleichbaren Ort können sich Kinder mit

Spielparadies statt Gefahrenzone: Kinder brauchen Naturerfahrungen.

Kinder brauchen auch „ungenormte" Umgebung – um immer wieder neu ins Gleichgewicht zu kommen.

allen Sinnen ihre Umgebung erobern, solch vielfältige Erfahrungen sammeln, ihre Grenzen ausloten und Gestalter ihrer Umwelt sein. Aus unfallvermeidender Sicht ist die Natur die blanke Katastrophe: Es gibt keine genormten Abstände zwischen den Ästen, um das Einklemmen der Kinderfinger zu vermeiden. Es gibt unkontrollierbare Unebenheiten auf der Erde – der Waldboden lädt zum Stolpern ja geradezu ein! Da ragen Äste in Augenhöhe über den Weg. Da wachsen Pflanzen, von denen wir nicht genau wissen, ob sie giftig sind. Kinder balancieren auf umgekippten Baumstämmen – ohne Fallschutz! Pfützen voller Regenwasser, wahrscheinlich nicht keimfrei, laden zum Springen und Matschen ein. Ameisen wandern über den Waldboden, und vielleicht pinkeln sie Kinder an, die daraufhin eine allergische Reaktion bekommen. Und dann die Ausscheidungen der Tiere! Wer will garantieren, dass auf der Lichtung, auf der wir unser Picknick machen, nicht in der Nacht ein Reh sein Geschäft verrichtet hat?

Sie ahnen, dass wir derartige Beispiele munter weiter aufzählen könnten. Und sicherlich ist Ihnen die Paradoxie nicht entgangen.
All die Auflagen in der Kita stehen in krassem Gegensatz zu all den Erfahrungsmöglichkeiten in der Natur, die doch so wichtig und wunderbar sind. Wie sieht die Lösung der offensichtlich widersprüchlichen Interessen nun aus? Müssen Sie zukünftig das Waldgebiet von potentiellen Unfallquellen beseitigen und keimfrei herrichten, bevor Sie mit einer Kindergartengruppe dorthin einen Ausflug machen?
Nein, vielmehr sollten Sie sich in der Raumgestaltung der Kita ein Beispiel an der Natur und ihren vielfältigen Lernherausforderungen für Kinder nehmen. Schauen wir uns die Spielorte der Kinder heutzutage an, dann haben sie immer seltener die Möglichkeit, in der Natur Erfahrungen zu sammeln. Es gibt immer weniger unebene, naturbelassene Gebiete im Wohnumfeld der Kinder. Wenn wir ihnen nun auch noch in der Kita eine ausschließlich genormte Umgebung vorge-

ben, wie sollen Kinder dann auf Veränderungen der Umwelt flexibel reagieren? Sie kommen im wahrsten Sinne des Wortes aus dem Gleichgewicht, weil sie nicht lernen, in unterschiedlichen Situationen ins Gleichgewicht kommen zu müssen.

Ein Beispiel:
Haben Sie in der Einrichtung (draußen wie drinnen) nur plane Fußböden ohne Unebenheiten, stolpern Kinder bei der kleinsten Unregelmäßigkeit sprichwörtlich über ein Haar. Warum? Weil sie nicht gelernt haben, darauf zu achten, wo sie hintreten, ihre Schritte den veränderten Gegebenheiten anzupassen und sich damit immer wieder neu ins Gleichgewicht zu bringen. Eine Kita-Leiterin musste sich einmal vor der Gemeindevertretung des Ortes rechtfertigen, weil sie veranlasst hatte, dass die geraden, rechteckig verlegten Gehwegplatten um das Kita-Gebäude entfernt und gegen Feldsteine ausgetauscht wurden. Die Feldsteine wurden in Kurven (und auch noch hügelig!) verlegt. Den Gemeindevertretern wurde angst und bange ob der erhöhten Verletzungsgefahr der Kinder. Die Leiterin argumentierte, dass gerade Krippenkinder beim Laufen lernen viel bewusster einen Fuß vor den anderen setzen würden, wenn sie unebene Herausforderungen zu bewältigen haben, um im Gleichgewicht zu bleiben. Außerdem verwies die Leiterin auf Beobachtungen, die ergaben, dass Kinder unter solchen Voraussetzungen sogar schneller das sichere Laufen erlernen. Genau das ist auch passiert.
Da die befürchteten Unfälle ausblieben, durften die Feldsteine bleiben.

Die Bedeutung des Wohlfühlens

Angebote machen – aber kein Kind zu etwas zwingen

Ankommen

Oft berichten uns Erzieherinnen von Kindern, die morgens nicht gern in die Kita kommen, die ängstlich sind, nicht in den Gruppenraum wollen und stattdessen lange am Fenster stehen und den Eltern hinterherschauen, von Kindern, die weinen, schreien oder gar nichts sagen und ihr Gesicht verziehen. Häufig geht diese Berichterstattung mit dem Zusatz einher, dass die Kinder immer so seien und die Erzieherinnen sie gar nicht anders kennen.

So will Max, der seit vier Wochen die Kita besucht, grundsätzlich nicht mit den anderen Kindern frühstücken. Die Erzieherin setzt ihn trotzdem an den Tisch und versucht jeden Tag aufs Neue, ihn mit Worten – mal freundlich, mal weniger – zum Essen zu überreden. Was hat das alles nun mit Wohlfühlen und der Raumgestaltung zu tun? Eine ganze Menge.

Wohlfühlen und Bildung

Zuerst einmal ist es von unschätzbarer Bedeutung, dass Erzieherinnen erkennen: Wohlfühlen ist die Grundlage von Bildung und demzufolge die Grundlage von Entwicklung. Wir setzen voraus, dass Erzieherinnen ihre betreuten Kinder dabei unterstützen wollen, sich in ihrem individuellen Tempo entwickeln zu können. Wenn also Erzieherinnen die Grundstimmung eines Kindes ignorieren, z.B. sein Unwohlsein, dann behindern sie damit die Entwicklung des Kindes. Sie lassen das Kind mit seinem Unwohlsein allein und helfen ihm nicht, dieses zu überwinden. Ein Kind, das sich nicht wohlfühlt, ist nicht (selbst-)bildungsbereit. Es möchte sich nicht auf den Weg machen, neugierig die Welt zu entdecken und diese zu erobern. Das ist bei Erwachsenen nicht anders. Stellen Sie sich einmal vor, jemand in Ihrer Familie ist krank oder Sie haben einen beruflichen Leidensdruck. In solch einer Situation nehmen Sie an einer Fortbildung teil. Wie aufnahmefähig werden Sie sein? Sie wandern gedanklich immer wieder zu den Dingen, die Sie innerlich beschäftigen und können sich schwer auf die Inhalte der Fortbildung konzentrieren bzw. darauf einlassen. Sie sind „besetzt" von einer eigenen Problematik und haben weder gedanklich noch emotional den „Platz", Weiteres aufzunehmen. Das Beispiel verdeutlicht: Es gilt, stetig dafür Sorge zu tragen, dass ein Kind sein etwaiges Unwohlsein überwinden kann.

Raum und Zeit

Nun können Sie nicht immer die Ursachen für das Unwohlsein von Kindern beseitigen. Aber was Sie immer können, ist, Kindern in der Kita eine Atmosphäre des Wohlfühlens zu bieten. So lindern Sie vielleicht deren Schmerz und ermöglichen ihnen andere, positive Erfahrungen. Dadurch können Kinder im besten Falle selbst Methoden entwickeln, sich mit ihren Gefühlen bewusst aktiv auseinanderzusetzen und mit ihnen umzugehen. Fragen Sie sich selbst:

Ein Kinderzelt wie dieses bietet optimale Spiel-, Kuschel-, Lese- und Rückzugsmöglichkeiten.

„Was braucht ein Kind, damit es sich in meiner Einrichtung wohlfühlen kann? Wie gelingt es mir, einen Ort zu schaffen,

- an dem das Kind gern ankommt
- an dem es sich zurückziehen kann
- an dem es Geborgenheit findet
- an dem es eintauchen kann in eine magische Welt
- wo es Frustrationen durch Bewegung oder durch künstlerische Ausdrucksweisen abbauen kann
- wo es auch mal laut sein darf, ohne dafür gemaßregelt zu werden?"

Für eine bewusste Raumgestaltung, die um diese Aspekte des Wohlfühlens weiß, lauten die Fragen: Gibt es

- Höhlen?
- Verstecke?
- einen Bewegungsraum?
- ein Atelier?
- einen Fensteraussichtspunkt?
- einen Verkleidungsbereich?
- eine Kuschelecke, um es sich gemütlich zu machen?
- einen bequemen Sessel, in den sich das Kind lümmeln kann, auf dem es mit der Erzieherin kuschelt, redet oder ein Buch liest?

Wir fragen Sie: Haben Sie für all diese Bedürfnisse den Raum? Das Wort „Raum" ist hier durchaus doppeldeutig gemeint. Haben Sie den Platz? Und geben Sie diesen Dingen Raum, also Zeit? Haben die Kinder genügend Zeit zur Verfügung, ihre unterschiedlichen Bedürfnisse auszuleben?

Hängematten lassen sich meistens einfach installieren und tragen zum Wohlfühlen bei.

Wohlfühlen und Eingewöhnungszeit

Kommen wir zurück zu Max, der nicht mit den anderen Kindern frühstücken wollte. Wer sich intensiv mit der Gestaltung der Eingewöhnungszeit von Kindern – also mit Bindungsverhalten – auseinandergesetzt hat, weiß, dass die Eingewöhnungszeit gelungen ist, wenn ein Krippenkind sich von der Erzieherin füttern, die Windeln wechseln und sich trösten lässt, und wenn es während der Mittagsruhe einschläft. Das Kind hat dann eine Bindung zur Erzieherin aufgebaut und sie als Bezugsperson anerkannt. Das Kind vertraut darauf, dass die Erzieherin für es sorgen wird und die Grundbedürfnisse des Kindes befriedigt. Wenn nun der dreijährige Max nach vier Wochen Kita-Zeit partout nicht mitfrühstücken möchte, müssen wir uns fragen, ob die Eingewöhnung misslungen ist. Es liegt nahe, dass Max noch keine Bindung zur Erzieherin aufgebaut hat. Wenn diese Vermutung besteht, ist es wichtig, Max nicht zu bedrängen. Begrüßen Sie ihn freundlich, decken Sie seinen Sitzplatz immer mit ein, bieten Sie ihm an, dass er sich gern mit an den Tisch setzen kann, aber nicht frühstücken muss. Anbieten heißt nicht, Max aufzufordern! Er kann also auch ablehnen, ohne dass diese Entscheidung von Ihnen verbal oder nonverbal bewertet wird. Vor der Frühstückszeit sollte die Erzieherin sich Max gegenüber verstärkt als Bezugsperson anbieten, indem sie ihn ermuntert, mit ihr ein Spiel zu spielen oder indem sie Max in die Frühstücksvorbereitungen mit einbindet. In vergleichbaren von uns begleiteten Fällen hat so ein Max binnen zwei Wochen mitgefrühstückt und inzwischen eine enge Beziehung zur Erzieherin aufgebaut. Erzieherinnen äußern in solchen Situationen häufig die Angst, dass Kinder auf diese Weise keine Regeln lernen und ja dann „machen dürfen, was sie wollen". Kinder sollten in der Kita grundsätzlich machen können, was sie wollen! Es braucht die richtige Begleitung, um das kindliche Interesse zu wecken, die richtigen Rahmenbedingungen und angemessene, sinnvolle Grenzen. Im Falle der eben beschriebenen Frühstückssituation lernt Max durchaus, was es bedeutet, wenn er nicht mit frühstückt: Die nächste Hauptmahlzeit gibt es erst wieder zur Mittagszeit. Zwischendurch kann er zwar Obst essen, das den ganzen Tag über bereitsteht. Aber dann isst er allein und nicht mit den anderen Kindern zusammen. Diese Zusammenhänge sollten Max auf eine liebevolle Art verständlich gemacht werden, damit er die Konsequenzen als selbst herbeigeführt erlebt und nicht als Bestrafung.

Ein runder Teppich für alle Kinder, vorbereitete Materialien – so wird der Morgenkreis zur „Kür" statt zur „Pflicht".

Wohlfühlen und Gesprächskultur

Wenn wir davon reden, dass Kinder ein Recht auf Meinungsäußerung und Gehör haben, müssen die Bedingungen für eine Gesprächskultur in der Raumgestaltung gegeben sein. Dabei interessiert uns: Wo findet der Morgenkreis statt? Vielleicht um einen runden Teppich, der einlädt, sich im Kreis auf gemütlichen Kissen zu platzieren? Und dann liegt da noch ein Redestein bereit? Oder ist es vielleicht eher so, dass die Kinder nach dem Frühstück noch einige Zeit am Tisch sitzen (müssen) und die Fragen der Erzieherin beantworten? Auch hier hilft es Erwachsenen, sich in die Lage der Kinder zu versetzen und zu schauen, wie es ihnen selbst ergehen würde. An welchem der beschriebenen Orte würden Sie sich wohler fühlen und eher bereit sein, sich zu öffnen und von sich zu erzählen? Wenn Sie privat mit Freunden plaudern und die Wahlmöglichkeit haben, dann sitzen Sie höchstwahrscheinlich gemütlich auf dem Sofa und nicht auf einem Holzstuhl am Tisch. Wann auch immer Sie kommunikative Aktionen mit den Kindern durchführen, schaffen Sie Rahmenbedingungen, die nicht nach „Pflicht", sondern nach „Kür" aussehen.

Wohlfühlen und Essen

Für die Raumgestaltung von Essenssituationen in Kindereinrichtungen ergeben sich folgende fünf Grundsätze:

1. *Schaffen Sie eine gemütliche Atmosphäre beim Essen.*
2. *Achten Sie auf eine wertschätzende Tischdekoration: frische Blumen, jahreszeitliche Gestaltung (gemeinsam mit den Kindern umsetzen).*
3. *Geben Sie jedem Kind einen persönlichen Platz (Platzset oder Beschriftung mit Foto am Stuhl).*
4. *Führen Sie Essensrituale ein, z.B. einen Tischspruch oder klassische Musik im Hintergrund.*
5. *Stellen Sie in der dunklen Jahreszeit eine Kerze auf den Tisch.*

An einem so vorbereiteten Tisch isst jeder gern.

Wohlfühlen durch eine wertschätzende Grundhaltung

Bitte beachten Sie: Allein die Gestaltung von Orten für Kinder reicht nicht aus, damit jedes Kind sich wohlfühlen kann. Die Raumgestaltung wirkt unterstützend, aber nur dann, wenn Ihre eigene Grundhaltung gegenüber dem Kind wertschätzend ist und sich das Kind angenommen und geliebt fühlt. Der schönste Kuschelraum nutzt nichts, wenn das Kind sich von der Erzieherin nicht geliebt fühlt. Wir haben in unserer Arbeit viele gut gestaltete Räume gesehen, z.B. einen voll ausgestatteten Experimentierraum oder eine Kinderbibliothek. Doch sie waren nicht mit Leben gefüllt, weil die Erzieherinnen es nicht verstanden haben, ihre Rolle als Begleiterin und Vorbild mit den Raumressourcen zu verknüpfen. Sie haben den Kindern nicht ermöglicht, die Räume für sich selbst zu erkunden, sie zu erobern. Zum besseren Verständnis ein Praxisbeispiel:

Eine Kita hatte sich auf den Weg gemacht, sich in der pädagogischen Arbeit am Profil der Reggio-Pädagogik zu orientieren. Zeitgleich fand ein teilweiser Personalwechsel statt. So arbeiteten nun die jahrelange Leiterin und eine neue Kollegin mit der Zusatzqualifikation „Reggio-Pädagogik" zusammen. Die erste räumliche Veränderung, die beide Erzieherinnen gemeinsam mit Unterstützung vieler Eltern umsetzten, war die Einrichtung eines Kinderateliers. Die Kinder beobachteten fasziniert die wochenlangen Umbaumaßnahmen. Als das Atelier offiziell an die Kinder übergeben wurde, hielt die neue Kollegin eine kleine Ansprache für die Kinder mit den Worten: „Dies ist nun euer Atelier, hier könnt ihr jederzeit hineingehen und die verschiedenen Materialien, die ihr hier vorfindet, nutzen. Ihr könnt kleben, schneiden, malen – auch zu Zeiten, in denen wir kein Angebot in diesem Raum machen, sondern uns selbst im Nebenraum aufhalten." Damit übergab die Kollegin den Raum an die Kinder. Die Kinder blieben in der Raummitte stehen und rührten sich nicht. Als die Erzieherin sie aufforderte, doch umherzugehen, zu schauen, was es alles zu entdecken gibt, vielleicht sogar schon etwas auszuprobieren, fragten die Kinder sie: „Was sollen wir denn machen? Dürfen wir die Schere benutzen?" Die Kollegin antwortete: „Ihr sollt gar nichts machen, ihr könnt das Atelier erobern, wenn ihr Lust dazu habt. Benutzt alle Werkzeuge und Materialien, die ihr benutzen wollt!" Es dauerte mehrere Wochen, ehe diese Kinder den Raum eigenständig nutzten. Lange Zeit konnten sie nicht glauben, dass es erlaubt ist, allein Materialien und Werkzeuge ohne Vorgaben und direkte Aufsicht zu gebrauchen. Denn vorher war es in den Räumen verboten, sich selbstständig etwas zu nehmen.

Fazit:
Allein eine gute Raumgestaltung sorgt noch nicht dafür, dass Kinder sich wohlfühlen und sich gesund entwickeln können.

Wohlfühlen und Schlafen

Schlafen zu können, hat sehr viel mit Wohlfühlen zu tun. Schlafen ist ein Grundbedürfnis. Der Mensch erholt sich, ruht sich aus, kommt zur Ruhe, tankt Energie. Viele Erzieherinnen klagen darüber, dass immer weniger Kinder – bereits schon Krippenkinder – während der Mittagsruhe schlafen. Oft suchen Erzieherinnen die Ursache dafür im Elternhaus des Kindes. Doch für einen erholsamen Schlaf kann in einer Kita viel getan werden.

Ein Praxisbeispiel:
Paul ist 15 Monate alt und wurde in der Krippe eingewöhnt. Vormittags integrierte er sich schnell, spielte mit anderen Kindern und suchte sich eigene Herausforderungen, mittags aß er gut und kletterte zur Mittagsruhe bereitwillig in sein Bettchen. Die Eltern hatten bei dem Aufnahmegespräch erklärt, dass ihr Sohn jeden Mittag zwei Stunden durchschlief. Sobald es in der Kita hieß, es sei Schlafenszeit, fing Paul an zu weinen und zu schreien, sodass kein Krippenkind mehr schlafen konnte. Es nutzte auch nichts, dass die Erzieherin neben Pauls Bettchen saß und ihn streichelte. Das ging zwei Wochen lang so. Weder Erzieherinnen noch Eltern konnten sich dieses Verhalten erklären, zumal Paul am Wochenende zu Hause mittags nach wie vor ohne Schwierigkeiten schlief.

Irgendwann fragte die Erzieherin die Eltern, unter welchen Raumbedingungen der Junge zu Hause schlafe und ob es vielleicht irgendwelche Besonderheiten gäbe. Die Eltern erzählten, dass sie zu Hause immer das Außenrollo runterließen, bis der Raum stockdunkel sei. Die Lösung lag im Detail: Im Krippenschlafraum hatte der Junge einen hellen Fensterschlafplatz erhalten. Auf Grund der Informationen der Eltern wechselte die Erzieherin den Schlafplatz in einen dunkleren Raumbereich. Außerdem ließ sie nun zu, dass Paul sich beim Schlafen sein kleines Kuscheltuch über das Gesicht zog. Seit diesem Tag schlief der Junge auch in der Kita problemlos durch.

Diese Gitterbettchen sind für Kleinstkinder schlichtweg zu groß.

Fazit:
Die Ursache lag nicht im Elternhaus, sondern in der anfangs fehlenden Fragestellung der Erzieherinnen. Seitdem fragt das Team dieser Kita beim Aufnahmegespräch die Eltern nicht nur: „Hält Ihr Kind Mittagsschlaf?" sondern auch: „Unter welchen räumlichen Bedingungen schläft Ihr Kind?"
Nicht immer finden Sie als Erzieherin eine Antwort darauf, warum ein Kind nicht schläft. Doch ähnlich wie in der oben beschriebenen Morgen-Situation können Sie alles Ihnen Mögliche tun, damit ein Kind sich erholen kann. Fragen Sie sich:

> *Wann kann ein Mensch (gut) schlafen? Welche Rahmenbedingungen braucht er?*

Verinnerlichen Sie: Schlafen bedeutet Loslassen. Wenn Kinder (wie Erwachsene auch) schlafen, sind sie hilflos. Dann müssen Kinder darauf vertrauen, dass ihnen nichts passieren kann, dass Erwachsene ihr Grundbedürfnis nach Schutz beachten und befriedigen und für sie sorgen. Und wann kann ein Kind loslassen? Wenn es Ihnen vertraut. Und wann vertraut es Ihnen? Wenn die Umgebung dem Kind keine Angst macht, wenn es die Umgebung kennt und diese als angenehm und gemütlich empfindet. Die Augen von Kindern können „loslassen" und sich schließen, wenn die Kinder keine Angst haben, etwas zu verpassen. **Gestalten Sie die Umgebung von Schlafplätzen deshalb reizarm.**

Aufgehoben oder aufbewahrt

Schauen wir uns ein paar Krippenschlafräume einmal genauer an. Da finden wir kleine Räume mit dicht aneinander gestellten Gitterbettchen (manchmal sogar als Doppelstockvariante, weil sonst nicht alle Kinder ein eigenes Bettchen hätten), bunte Tapeten mit niedlichen Motiven und von der Decke hängende Mobiles. Wir haben aber auch Schlafräume gesehen, die in warmen Tönen gestaltet sind – mit einfarbigen Tapeten, ohne Mobiles an Wänden oder Decke, und die Kinder schliefen in so genannten „Nestchen".

> *Welche Raumvoraussetzungen sind Ihrer Meinung nach besser zum Einschlafen geeignet? Natürlich: Es sind die Bedingungen im letzteren Beispiel. Warum?*

Die Nestchen entsprechen in ihrer Gestaltung natürlichen, organischen und vertrauten Formen. (Oder haben Sie in der Natur schon mal ein Rechteck gefunden? Ein rechteckiges Vogelnest? Eine rechteckige Höhle?) Das ungeborene Kind macht sich im Mutterbauch mit organischen, runden Formen vertraut. Es spürt die Nähe der Mutter, es spürt sich selbst durch das Anstoßen an die Bauchdecke und weiß: Aha, hier höre ich auf! Die Nestchen sind rundlich gestaltet und so klein, dass das Kind an die Wände der Nestchen anstößt und sich demzufolge spürt.

Sehen wir uns im Gegensatz dazu das Gitterbettchen an. Mit einer Länge von 1,20 m bis 1,40 m und einer Breite von 0,60 m bis 0,70 m ist es schlichtweg zu groß. Ganz abgesehen von der Platzverschwendung geht es um etwas viel Wichtigeres: Das Kind kann sich beim Schlafen nicht spüren, es liegt verloren in einem viel zu großen Bett. Oft ist zu beobachten, dass Kinder in Gitterbettchen immer wieder in eine Ecke des Bettes rutschen, bis sie mit dem Kopf dagegen stoßen,

In runden Bettchen, die der Größe der Kinder entsprechen, können sie sich selbst spüren – und schlafen besser.

denn dann spüren sie sich. Der kindliche Körper kann sich nicht an die Form eines Gitterbettes anpassen, kann sich nicht einkuscheln, sich nicht geborgen fühlen. Die Form von Gitterbetten ist vollkommen unorganisch und ungeeignet. Kinder erfahren neun Monate lang Geborgenheit durch den Bauch der Mutter, und der ist nicht geradlinig, eckig und hart, sondern rund und weich.

Komisch, früher hatten Kinderwagen eine rundliche, meist ovale Form, und viele kleine Kinder schliefen in den Weidewäschekörben der Mutter ...
Das Gitterbettchen hat unserer Meinung nach noch einen weiteren wesentlichen Kritikpunkt: Die Gitterstäbe. Durch das „Verfrachten" der Kinder in Gitterbettchen geben die erwachsenen Bezugspersonen, ob nun Mütter oder Erzieherinnen, die Verantwortung (die Aufsichtspflicht) an das vergitterte Bett ab. Das heißt, sie müssen nicht regelmäßig nachsehen, ob das Kind noch im Bett liegt. Damit schränken sie das Kind aber massiv ein. Ein Kind erlebt das Bett als Gefängnis, und der Erwachsene bestimmt, wann es raus darf. Das ist kein gutes Gefühl, um freiwillig in solch ein Bett zu gehen und dort zu schlafen. „Dank" des Gitterbettchens müssen sich Erwachsene auch nicht gleich mit dem Kind beschäftigen, wenn es wach ist. Dem Kind wird zugemutet, sich so lange selbst zu beschäftigen, bis der Erwachsene Zeit und Lust hat, sich ihm zu widmen. Auch wenn das hart klingt, aber oft genug haben wir in der Praxis das Gitterbettchen oder auch den Laufstall als solches Hilfsmittel erlebt. Das Kind wird abgelegt und muss warten, bis es endlich „befreit" wird. Auch das Pro-Gitterbett-Argument: „Wenn wir merken, dass das Kind motorisch schon in der Lage ist, herauszuklettern, nehmen wir zwei Gitterstäbe raus" hält der fachlichen Hinterfragung nicht stand. Woher will ich wissen, ab wann Kinder allein dort heraus kommen können, wenn die Gitterstäbe nicht von Anfang an ausgebaut sind?

Viele Erzieherinnen haben mit Entsetzen auf die Idee reagiert, die Gitterbettchen gegen Nestchen auszutauschen. „Um Gottes Willen, da stehen die Kinder ja ständig auf und kommen gar nicht zur Ruhe!" Das gleiche Argument hörten wir übrigens auch bei dem Vorschlag, von vornherein zwei Gitterstäbchen heraus zu nehmen. Nun, wenn Sie als Erzieherin im Schlafraum anwesend sind, ein Einschlafritual zur Entspannung praktizieren und zulassen, dass die Kinder sich, solange sie noch wach sind, leise verhalten, z.B. indem sie ein Bilderbuch zum Anschauen oder ein Kuscheltier zum Spielen bekommen, dann werden Kinder die Regeln auch beachten und nicht über die Betten toben. Hier ist mal wieder – wie so oft – die Kompetenz der Erzieherin gefragt. Die Kita-Teams, die sich im Krippenbereich für Nestchen entschieden haben, staunten, wie reibungslos der Übergang verlief und wie entspannt seitdem die Mittagsruhe verläuft.

Nestchen – so sieht ein guter Schlafplatz für Krippenkinder aus.

Bezug zur realen Welt

Manchmal erinnern uns Kindertagesstätten an Puppenhäuser. Alles, was es dort gibt, ist ein bisschen kleiner als in der Welt der Erwachsenen. Bei altersgerechten Tischen und Stühlen ist die angepasste Größe natürlich sinnvoll. Wenig sinnvoll hingegen sind all die Miniaturausführungen von Alltagsgegenständen, die uns häufig in Kitas begegnen: klitzekleine Handfeger mit Schaufel, Puppengeschirr, klitzekleine Eimer etc. Warum sind diese Dinge so klein wie in einem Puppenhaus? Warum „mutet" man Kindern nicht zu, mit echten Handfegern, echtem Geschirr und echten Eimern zu hantieren? Das ist das wahre Leben, und an dieses wollen Sie die Kinder ja heranführen. **Kinder sind nicht zu klein für die reale Welt!**

Muten Sie Kindern auch Gegenstände in „Erwachsenengröße" zu ...

Kinder lieben es, sich zu verkleiden. Sie inszenieren Rollenspiele. Hierbei können Sie mit unterschiedlichen Materialien, z.B. Tüchern oder Stoffen, die Tätigkeit des Kindes unterstützen. Der Reiz des Spiels liegt für Kinder gerade in den „So-tun-als-ob-Situationen". Darauf haben viele Einrichtungen reagiert, indem Haushaltsgeräte oder Geschirr in Kindergröße (oft aus Plastik) gekauft wurden. Kinderkostüme in allen Variationen hängen an Kleiderständern. Eine künstliche Welt in Miniaturausgabe wurde geschaffen. Doch das ist nicht der Reiz des Spieles! Auszusehen wie Erwachsene, sich zu bewegen wie Erwachsene, Dinge zu benutzen, die Erwachsene benutzen – das sind die Beweggründe von Kindern. Kinder wollen sich mit der realen Welt auseinandersetzen, nicht mit einer Scheinwelt, einer harmlosen Kindervariante. Folgende Anregungen für die Ausstattung Ihrer Kita geben wir Ihnen: ausrangierte Küchenutensilien, z.B. Messbecher, Quirl und Emailletöpfe, Kleider, Hüte, Taschen, Schuhe von Müttern und Vätern oder Großeltern. Das Kind möchte so schön und so groß wie seine Mutter oder wie eine Prinzessin sein, und das kann es am besten mit Kleidern und Schuhen, die ihm zu groß sind. Halten Sie auf Flohmärkten nach alten funktionstüchtigen Gerätschaften Ausschau, z.B. nach einer Kaffeemühle, einer mechanischen Saftpresse oder einer alten Küchenwaage. Fragen Sie Ärzte nach einem alten Stethoskop, einer Nierenschale oder unbenutzten Einwegspritzen ohne Kanüle. Auch nicht mehr funktionstüchtige Geräte haben einen großen Spielwert, wenn sie aus der realen Welt sind: ein Handy, ein altes Telefon mit Drehscheibe, ein Bügeleisen.

So können sich Kinder mit tatsächlichen Größen und Formen auseinandersetzen. Einige Nachbauten vermitteln Kindern eine falsche Sicherheit oder führen zu falschen Erkenntnissen: Eine Waage mit stilisierten Gewichten aus Holz, auf denen Gewichtsbezeichnungen stehen, die nicht mit dem

... denn damit lässt sich das „Erwachsensein" am besten im Spiel erleben.

tatsächlichen Gewicht übereinstimmen, vermittelt Kindern eine völlig falsche Information. Sie könnten schlussfolgern, dass das, was auf dem Gewicht steht, tatsächlich 2 kg sind. Das Gewicht des nächsten Apfels, den sie sehen, könnten sie folgerichtig mit ca. 2 kg angeben. Was soll das? Warum führt man Kinder derart in die Irre? Für Kinder ist es wichtig, zu verstehen: Was ist schwerer, eine Kirsche oder ein Apfel? Was ist leichter, eine Feder oder ein Blatt Papier? Erst nach dem eigenen Erfahren und Erleben von Maßen entwickeln Kinder ein Verständnis für genaue Angaben in Zahlen. Kleine Plastikmesser, mit denen das Kind Holzobst mit Klettverbindung durchtrennen kann, sind eine Beleidigung des kindlichen Intellekts. Sie vermitteln dem Kind, dass Obst aus Holz ist, Messer aus Plastik sind und dass man mit Plastik Holz durchschneiden kann. Ach ja, und Apfelhälften sind immer durch Klettverschlüsse miteinander verbunden.

Auch „schön" sind Plastikpfannen in Miniaturgröße auf Holzherden. Sie ahnen, zu welchen Rückschlüssen das Kind kommen kann? Ein letztes Beispiel an dieser Stelle: „Gern" gesehen sind großzügig in Gruppenräumen verteilte Kunstblumen-Gestecke. Was vermitteln diese den Kindern? Blumen wachsen nicht, Blumen riechen nicht, Blumen müssen nicht gegossen werden, Blumen welken nicht. Blumen halten ewig und verstauben (Allergiker). Die Befürchtung, dass ein Raum ohne solche Gestecke zu kahl wirkt, können wir Ihnen nehmen. Es geht auch anders! Frische Blumen, Topfpflanzen, getrocknete Früchte, Steine, Muscheln ... Die Natur bietet reichhaltige Dinge, die Sie gemeinsam mit Kindern sammeln, pflegen, sortieren, beschnuppern können.

Es geht – grundsätzlich – nicht um die Vermittlung von Realitätsnähe, sondern um Realität!

Das allseits beliebte Argument, Kindern Gebrauchsgegenstände in Plastik oder Holz zum Spielen (= Lernen!) anzubieten, ist der Sicherheitsaspekt. Wir verweisen hier noch einmal auf das Kapitel „Das Dornröschenprinzip". Ein pädagogisch sinnvoller Umgang mit potentiellen Gefahrenquellen bedeutet, die Kinder anzuleiten, mit einem „richtigen" Messer zu arbeiten. Übrigens gibt es in der Küche mehr Verletzungen von Kindern beim Hantieren mit stumpfem Kinderbesteck als mit einem scharfen Küchenmesser. Haben Sie einmal versucht, eine Mohrrübe oder einen Apfel mit dem Kinderbesteck durchzuschneiden? Wie schwierig es ist, Soße mit einer Kelle auf den Teller zu gießen (und den Teller auch zu treffen), kann ein Kind nur durch den tatsächlichen Umgang mit einer Kelle erfahren. Das funktioniert schon im Krippenalter beim selbstständigen Auffüllen am Mittagstisch. Das Hantieren mit Puppengeschirr aus Plastik vermittelt den Kindern: Wenn etwas herunterfällt, geht es nicht kaputt. Sie nehmen dem Kind die Erfahrung, dass sein Handeln, z.B. ein Missgeschick, Konsequenzen hat. **Die Erkenntnis, dass etwas kaputtgeht, wenn das Kind nicht aufpasst, führt dazu, dass sich das Kind beim nächsten Mal mehr auf diese Tätigkeit konzentriert.** Grundsätzlich empfiehlt sich, bei den Mahlzeiten Kinder mit Geschirr aus Porzellan und Glas und funktionstüchtigem Besteck zu konfrontieren. Es wurde in verschiedenen Einrichtungen die Probe aufs Exempel gemacht: **In Einrichtungen mit Geschirr aus genannten Materialien sind den Kindern weniger Geschirrteile heruntergefallen als in Einrichtungen mit Geschirr aus Melamin.**

Wie schwierig es ist, sich selbst mit einer richtigen Kelle Soße aufzugeben, lernen Kinder am besten mit echten Kellen aus echten Töpfen.

Eine weitere unnötige Verharmlosung, Verfälschung – wie auch immer man es betrachtet – geht vonstatten, wenn Sie Kindern, auch im Krippenalter, niedlich gemalte Bilder real existierender Gegenstände in Büchern zeigen. Solche Bücher haben die Kinder sicherlich auch in genügender Auswahl zu Hause. **Wählen Sie doch Bücher, in denen Kinder Dinge so sehen können, wie sie tatsächlich in der Natur vorkommen oder von Menschenhand geschaffen werden.** Gut eignen sich hierfür Naturbücher, Bildbände, Fotobücher, Kunstbände. Man überfordert Kinder in diesem Zusammenhang nicht mit der Realität! Und es tut auch gar nicht weh, ein Foto eines richtigen Apfels anzusehen. Der muss keine Schleife oder ein Gesicht haben. Immer wieder haben wir faszinierte Kinder vor Kunst-Bildbänden, z.B. des Künstlers Friedensreich Hundertwasser, gesehen. Die Farben und Formen sprechen schon Kleinstkinder sehr an. Wenn Kinder aus Bücherregalen frei und selbstständig wählen können (das sollte immer möglich sein, siehe Kapitel „Sinnvolle Raumgestaltung"), entscheiden sie sich häufig für Bücher mit realistischen Fotos.

Sichtbare Bildungsbereiche

In Deutschland haben alle Bundesländer eigene Vorgaben für den Bereich der frühkindlichen Bildung – für Kinder im Alter von null bis zehn Jahren – entwickelt. Ausgehend von dem Grundsatz, dass „Bildung von Geburt an beginnt", werden darin Aussagen zum Bildungsverständnis und zur Kindheit im Wandel der Zeit getroffen. In diesen Bildungsplänen wird dargelegt, wie Kinder sich entwickeln, welche altersspezifischen Besonderheiten zu beachten sind und wie ihre Entwicklung gefördert werden kann. Als Orientierung für Erzieherinnen wurden diese Lernprozesse in Bildungsbereiche untergliedert. Schwerpunkte sind die **sprachliche Entwicklung**, **mathematische Grunderfahrungen**, das **bildnerische Gestalten**, die **Musik**, die Auseinandersetzung mit **Natur und Technik**, die Auseinandersetzung mit **Körper**, **Gesundheit** und **Bewegung** und die **soziale Entwicklung**. In jedem Bundesland variieren die Bezeichnungen, die Schwerpunkte jedoch sind identisch.

Hinsichtlich des aktuellen Bildungsverständnisses sei darauf hingewiesen, dass kein Kind sich zu einer bestimmten Zeit in nur einem Bildungsbereich bildet. Die Lernthemen sind so vielschichtig, dass mehrere Bildungsbereiche gleichzeitig angesprochen werden, nicht selten alle zusammen. Man kann also die Tätigkeit eines Kindes nicht ausschließlich einem Bildungsbereich zuordnen. Diese Erkenntnis ist auch wichtig innerhalb der Raumgestaltung. Auch wenn wir auf den nachfolgenden Seiten Anregungen für die einzelnen Bildungsbereiche geben, tun wir dies in erster Linie zum besseren Verständnis dafür, welche Lernerfahrungen Kindern ermöglicht werden können. Das bedeutet jedoch nicht, dass das vorgestellte Material nur dem jeweiligen Bildungsbereich dient bzw. das Kind ausschließlich in diesem Bereich Lernerfahrungen sammelt. Anhand der Auswertung kurzer Videosequenzen wird das sehr gut deutlich. Filmen Sie ein Kind fünf Minuten lang bei seiner Tätigkeit, notieren Sie anschließend alles, was sie beobachtet haben und ordnen sie das Beobachtete den Bildungsbereichen zu. Sie werden sehen, dass ein und dieselbe Handlung gleichzeitig mehreren Bildungsbereichen zugeordnet werden kann. Wenn Sie erkennen, welch vielfältige Lernerfahrungen ein einfacher Gegenstand wie z.B. ein Kleiderbügel in den verschiedenen Bildungsbereichen bieten kann, werden Sie auch erkennen, wie wenig es an Material bedarf, um Kinder anzuregen, eigene Erfahrungen zu machen und Erkenntnisse zu erwerben.

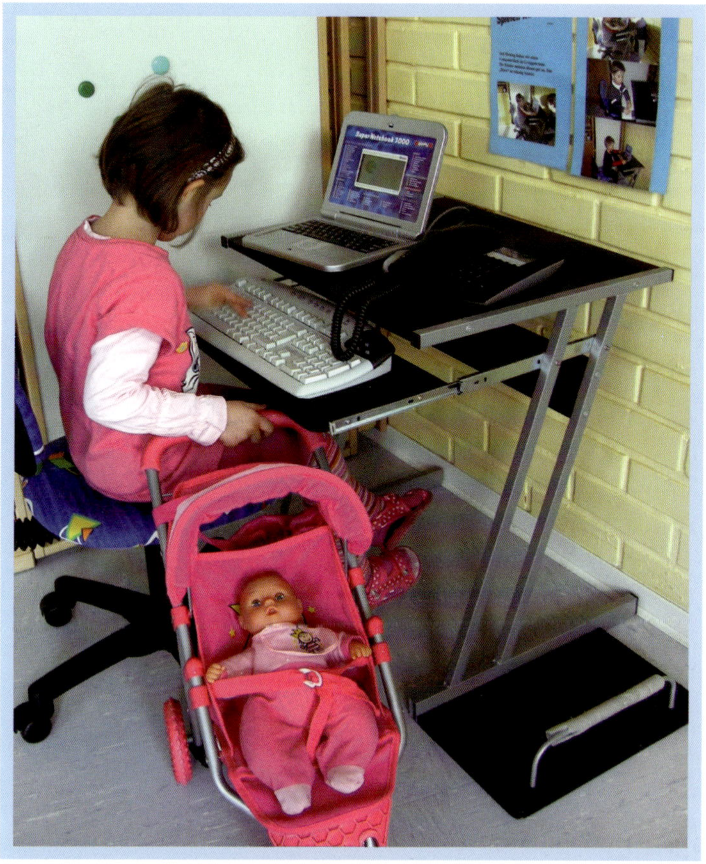

Richten Sie Raumbereiche nach „Lernthemen" ein.

Wenn Sie die Raumgestaltung hinsichtlich der Impulse für die einzelnen Bildungsbereiche – nennen wir sie doch nachfolgend „Lernthemen" – der Kinder überprüfen möchten, müssen Sie sich zuerst einmal mit genau diesen Lernthemen auseinandersetzen und sich grundsätzliche Fragen stellen, wie z.B.:

1. *Wie findet Sprachentwicklung statt?*
2. *Was sind mathematische Grunderfahrungen?*
3. *Wie erobern sich Kinder technische Grundkenntnisse?*
4. *Welche Erfahrungen können Kinder in der Natur sammeln?*
5. *Wie funktioniert unser Körper?*
6. *Wie lernen Kinder das Laufen?*
7. *Wann und wie sind Kinder bereit, sich auf ihre soziale Umgebung, ihre Mitmenschen, einzulassen?*

Zusammenfassend könnte man auch fragen: Wie funktioniert Lernen, und welche Grundvoraussetzungen sind dafür erforderlich? Nehmen wir einmal an, dass Sie diese Frage für sich beantwortet haben, bevor Sie jetzt weiter lesen. Dann geben wir Ihnen nun Anregungen für die Raumgestaltung im Hinblick auf die einzelnen Lernthemen von Kindern.

Bewegungsräume sollten den altersspezifischen Bedürfnissen entsprechen.

Bewegung

Beginnen wollen wir mit dem Bereich Bewegung, da wir zu Beginn des Buches bereits die Aussage getroffen haben: Die Bewegung ist der Motor der Entwicklung.
Im Krippenbereich lauten die grundsätzlichen Fragen hinsichtlich der Raumgestaltung:

1. *Wie können Kinder in Bewegung kommen?*
2. *Wie viel Platz, wie viel Raum haben sie dafür? Werden sie vielleicht ständig von Tisch- und Stuhlbeinen ausgebremst?*
3. *Welche Herausforderungen finden Kinder vor, aus dem und in das Gleichgewicht zu kommen?*
4. *Gibt es Dinge, an die Kinder nur herankommen, wenn sie sich anstrengen, z.B. sich auf die Zehenspitzen stellen oder auf einen Hocker steigen müssen?*
5. *Welche unterschiedlichen Bewegungsabläufe machen den Alltag aus? Können Kinder zugreifen, umfassen, können sie sich drehen, sich bücken, durch etwas hindurchkrabbeln?*
6. *Können sie balancieren?*

Für Kindergartenkinder und Hortkinder gilt es, die Herausforderungen auf ihre altersspezifischen Bedürfnisse abzustimmen. Fragen Sie sich, wann die vorhandene Raumgestaltung demzufolge entwicklungsfördernd und wann sie entwicklungshemmend ist. Wir erklären es ausführlich am Beispiel der Ausprägung des Muskel-Gelenk-Sinns, auch Tiefenwahrnehmung oder kinästhetischer Sinn genannt.
Dieser Sinn entwickelt sich von „Rumpf-nah" zu „Rumpf-fern". Das gesunde Kind wird mit der Anlage aller Muskeln und Gelenke geboren. Jedoch kann es diese zu Beginn seines

Gerade Kleinstkinder brauchen vielfältige Bewegungsangebote.

Lebens nicht bewusst steuern. Es reagiert reflexartig, zum Beispiel mit dem Greifreflex. Das Kind nimmt jedoch vom ersten Augenblick an seine Bewegungen, seine Reaktionen wahr und verarbeitet die wiederkehrenden Impulse im Gehirn zu Erfahrungen. So beginnt es zu trainieren, d.h. willentlich bestimmte Körperbewegungen auslösen zu wollen. Es möchte bewusst seinen Kopf drehen, um auf die Stimme der Mutter zu reagieren und zu schauen, wo die Mutter ist. Am Anfang gelingt es ihm nicht, dann nur schwer. Aber bei der x-ten Wiederholung des entsprechenden Gehirnbefehls klappt es irgendwann, und schließlich hat es sich automatisiert. Es hört die Mutter – und schwups, wendet es schon den Kopf in ihre Richtung. Das Kind lernt zuerst, die rumpfnahen Muskeln und Gelenke zu steuern. Das sind die Bereiche Kopf/Hals, der Schulterbereich und der Beckenbereich.

Kinderzeichnungen

Sehr gut verdeutlichen kann man die Entwicklung des Muskel-Gelenk-Sinns an Kinderzeichnungen. **Zuerst malen Kinder Punkte oder Striche (vertikal/horizontal).** Wenn Sie Kinder dabei beobachten, sehen Sie, dass sie dabei einen relativ steifen Arm haben. Ein Einknicken des Armes geschieht eher unwillkürlich. In dieser Phase wird der **Schulterbereich** trainiert. Ist dieses Thema erschöpft, d.h., das Kind hat alle Möglichkeiten des Schultergelenks und seiner Muskulatur erkannt und kann diese inzwischen „automatisch" anwenden, dann wendet es sich instinktiv dem nächsten Bereich zu, bei dem es etwas entdecken und demzufolge lernen kann: dem **Ellenbogenbereich. In Kinderzeichnungen finden wir in dieser Phase Kreuze bis hin zum so genannten Urknäuel.** Diese entstehen genau dann, wenn das Kind die kreisende Bewegung des Ellenbogens bewusst steuern kann. Ist dieses Thema wiederum erschöpft, dann hat sich der Bewegungsablauf für das Zeichnen des Urknäuels automatisiert. Das Kind kann sich nun dem **Handgelenk** und all seinen Möglichkeiten widmen. **Es kombiniert in seinen Zeichnungen nun Punkte, Striche, Kreuze und Kreise, bis es schließlich zur ersten gegenständlichen Darstellung gelangt.** Die Entwicklung des Muskel-Gelenk-Sinns bis zur Steuerung des Handgelenks, um erste gegenständliche Abbildungen darzustellen, kann durchaus eine Zeitdauer von zwei bis drei Jahren beanspruchen. Bei manchen Kindern dauert dies auch länger. Das kann zum Beispiel daran liegen, dass die Steuerung der gesamten Armmuskulatur nicht das wichtigste Thema des Kindes ist. Vielleicht ist die Sprachentwicklung oder die Entwicklung des Laufapparates für das Kind viel wichtiger und spannender.

Mit großen Pinseln auf großen Blättern malen können, ist sehr wichtig für die Entwicklung des Muskel-Gelenk-Sinnes.

Eine Verzögerung der Ausbildung des Muskel-Gelenk-Sinns kann aber auch mit den äußeren Rahmenbedingungen zusammenhängen. Die diesbezüglichen Fragen sind: Wie oft hat ein Kind die Möglichkeit, sich dem Trainieren des Muskel-Gelenk-Sinns zu widmen?

1. *Wie oft erhält es die Gelegenheit, mit Stöcken als Verlängerung des Armes auf dem Fußboden oder der Erde zu malen?*
2. *Wie oft kann es später die Urknäuel als Serienbilder produzieren, ohne dass es davon abgehalten oder dabei unterbrochen wird?*

Hier sind wieder die erwachsenen Bezugspersonen gefragt. Wir haben Erzieherinnen erlebt, die Krippenkinder zum Malen ausschließlich an den Tisch gesetzt haben. Vor den Kindern lag ein Blatt Papier im Format DIN A5, zusätzlich sogar eine Malvorlage entsprechend der Jahreszeit, und die Kinder sollten nun in den Marienkäfer oder in den Ball Punkte einzeichnen. Schafften sie es, dann wurden sie gelobt. Malte ein Kind über den Rand des Papiers hinaus oder traf das Blatt gar nicht erst, wurde es kritisiert. Auf unsere Frage, warum die Erzieherin überhaupt Vorlagen verwendete, antwortete diese: „Die Eltern wollen ja auch was sehen, etwas erkennen." Hier wurden die Themen Lernen und Erfolgserlebnisse missverstanden.

Lernen durch Wiederholung

Wenn Sie Eltern über die Entwicklung des Muskel-Gelenk-Sinns und die damit einhergehenden Malformen des Kindes informieren, dann benötigen Sie keine Vorlagen, die von der eigentlichen Tätigkeit des Kindes und seinen Fähigkeiten ablenken. Alle unter Ihnen kennen die so genannten Serienbilder – Zeichnungen der Kinder, die sich über einen Zeitraum von mehreren Tagen bis hin zu Wochen immer wieder ein und derselben Darstellung widmen. Das beginnt bereits im Krippenalter. Lassen Sie diese Wiederholungen zu. Versuchen Sie nicht, die Tätigkeit des Kindes zu unterbrechen. Das Kind ist gerade dabei, das Thema für sich zu erschließen und zu erschöpfen, indem es nämlich nach der x-ten Wiederholung z.B. feststellt, dass keine neue Variation mehr möglich ist. **Malt ein Kind immer wieder das Gleiche, dann ist etwas an diesem Thema nicht abgeschlossen, nicht beendet, sondern fesselt das Kind nach wie vor.** Das können zum Beispiel auch Themen wie Trauer etc. sein, die das Kind durch die wiederholten gleichen Zeichnungen versucht, für sich zu verarbeiten. Erst danach ist es bereit, sich einem neuen Thema, einer neuen Herausforderung, zuzuwenden. Der Mensch lernt durch Wiederholung. Erst dann, wenn die Kinder den ersten Schritt durch Wiederholung so gefestigt haben, dass sie ihn sicher beherrschen, sind sie aufnahmebereit, sich den nächsten Schritt anzueignen. Wenn Sie sich diesen Mechanismus einmal bewusst vergegenwärtigen, werden Sie darüber staunen können, wie oft Kinder im Alltag Entwicklungsschritte festigen.

Richten Sie einen „Atelier"-Bereich ein, in der Kinder frei auf großen Bögen malen können.

Unwissende Erwachsene als Entwicklungshindernis

Eine Mutter beschwerte sich einmal bei einer Erzieherin, dass ihr Sohn, inzwischen 3,5 Jahre alt, nur Knäuel malt, immer wieder nur Knäuel. Sie erklärte der Erzieherin, dass sie, wenn sie den Sohn dabei sieht, sofort sein Malen unterbricht und ihn auffordert, endlich etwas „Richtiges" zu malen und sich ein Beispiel an anderen Kindern in seinem Alter zu nehmen. Wenn er dann trotzdem nur die kindlichen Kreise malt, würde sie ihm das Malzeug wegnehmen – mit der Aussicht, es wieder zurück zu bekommen, wenn er besser malt. Diese Bewertung durch die Mutter resultierte aus einem vollkommenen Unverständnis für kindliche Bildung und Entwicklung heraus. Das Ergebnis ihrer Reaktion gegenüber dem Kind war, dass das Kind immer weniger malte und so seinen Muskel-Gelenk-Sinn immer seltener trainierte. Es konnte den nächsten Schritt nicht gehen und wurde in seiner Entwicklung gehemmt.

Hand und Fuß

Es ist wichtig, dass Kinder so früh wie möglich die eigenen Hände und Füße als erste Werkzeuge für sich entdecken, bevor Sie ihnen als Unterstützung einen Stift o.ä. in die Hand geben. So können Kinder die vielfältigen Möglichkeiten der Nutzung ihrer Hände und Füße überhaupt erkennen und auch anwenden. Für die Füße bedeutet das, die Kinder so viel wie möglich barfuß die Welt entdecken zu lassen, ihnen spielerisch Greifmöglichkeiten mit den Füßen zu ermöglichen, ebenso wie das Klettern mit nackten Füßen. Kinder kommen **barfuß** viel besser ins Gleichgewicht als mit Strümpfen oder gar Schuhen, da sie barfuß einen unmittelbaren Kontakt zum Untergrund haben. So werden viel mehr und viel feinere Reize ans Gehirn weitergeleitet und demzufolge mehr Informationen verarbeitet.

Keine Tische zum Malen

Zurück zur Entwicklung der Kinderzeichnungen. Zeitlich gesehen brauchen Kinder zuallererst die Möglichkeit, mit Fingermalfarben zu malen, zu matschen und zu moddern. Eine Grundregel: Setzen Sie die Kinder dazu nicht an einen Tisch, da Sie sonst deren Schulterbereich und deren Ellenbogenbereich blockieren! Alles, was ein Krippenkind auf ein DIN-A4-Papier bringt, ist wahrer Zufall, denn das Kind ist bei seiner bewussten Nutzung der Muskeln und Gelenke noch nicht im Handbereich angelangt. Ein Experiment mit Erwachsenen macht die Folgen der Blockade des Ellenbogens und des Schultergelenks deutlich: Teilen Sie Ihr Team in zwei Gruppen. Beide Gruppen haben die Aufgabe, einen Kreis mit einem Durchmesser von 20 cm zu zeichnen, ohne dabei den Stift abzusetzen. Die Personen von Gruppe A dürfen dazu vor einer Staffelei stehen. Die Personen von Gruppe B müssen am Tisch vor einem DIN-A4-Blatt sitzen und den Unterarm aufstützen. Wer wird wohl die Aufgabe besser meistern? Natürlich Gruppe A, weil diese Gruppenmitglieder sowohl das Schultergelenk, den Ellenbogen als auch das Handgelenk bewegen können. Die meisten Künstler malen aus diesen Gründen an Staffeleien oder im Stehen an großen Wänden.
Für die Raumgestaltung heißt das nichts anderes, als dass Sie sowohl zur Förderung der künstlerischen Ausdrucksformen als auch für die Entwicklung der Muskeln und Gelenke (und damit letztlich der Fingerfertigkeiten) nicht die Tisch-Stuhl-Kombination wählen, sondern Staffeleien, Wände und den Fußboden. Fragen Sie sich auch: Wo puzzeln die Kinder, wo schauen sie sich Bücher an, wo malen sie am liebsten (wenn sie dürfen)?

Schaffen Sie Möglichkeiten, im Stehen zu malen!

Je kleiner die Kinder sind, desto größer ist die Malfläche, die sie benötigen, müssen die angebotenen Werkzeuge sein, ist ihr Bewegungsradius, ist der Platz, den sie brauchen.

Nach dem Einsatz der Hände als Malwerkzeug empfehlen sich z.B. Stöcke, Heizkörperpinsel oder Stöcke, an deren Ende ein mit Stoff umwickelter Wattebausch angebracht ist.

Wer lernen will, muss fühlen

In vielen Krippen gibt es das so genannte Bällebad. Besser eignen sich **Bohnenbäder**, **Wattebauschbäder**, **Kastanienbäder**. Warum? Die Bällebäder sind für therapeutische Zwecke entwickelt worden. Hierbei geht es um Grobwahrnehmungen. Bohnenbäder etc. sind für die **taktile Wahrnehmung** von Kindern besser geeignet, da sie differenzierte Hautreize auslösen, die vom Gehirn verarbeitet werden müssen. Kinder werden für feines Spüren sensibilisiert. Nur wenn Kinder verschiedenartige Materialien fühlen, können sie abstrakte Begriffe – wie zum Beispiel: weich, glatt, rau, hart – als Erfahrung abspeichern. Wenn Kinder diesen Begriff im wahrsten Sinne „erfahren" haben, können sie ihn später auch sprachlich artikulieren. Manche Erzieherinnen haben Angst davor,

Ein Bällebad ist gut zur Förderung der Grobwahrnehmung. Ergänzen Sie es, wann immer möglich, durch Bohnen-, Wattebausch- oder Kastanienbäder.

dass sich Krippenkinder Kleinteile solcher Bäder in diverse Körperöffnungen stecken könnten. Wenn die genannten Fühlerfahrungen nur im Beisein der Erzieherin angeboten werden und nicht unbeaufsichtigt ganztägig zur Verfügung stehen, können Erzieherinnen diese Gefahr bannen.

Bleiben Sie in Bewegung

Kinder benötigen in der Innenraumgestaltung für ihre (Bewegungs-) Entwicklung immer wieder neue Herausforderungen. Dies ist ein wesentlicher Grund dafür, warum Raumgestaltung in Kinderräumen nie aufhört und warum es wichtig ist, dass Sie von vornherein eine flexible Raumgestaltung anstreben. Also „stopfen" Sie bitte Ihre Räume nicht mit allen Anregungen voll, die Sie in diesem Buch finden, sondern stimmen Sie die Gestaltung entsprechend den aktuellen Themen der Kinder ab.

Mathematische Grunderfahrungen

Wenn das Wort Mathematik fällt, denken die meisten Menschen sofort an Zahlen und an Rechenaufgaben. Mathematik hat jedoch neben Zahlen viel mehr Aspekte, mit denen ein Kind von Geburt an konfrontiert ist, z.B. mit:

Formen und Figuren
Symbolen
Mengen
Mustern
Flächen
Räumen
Ordnung und Chaos
Raum-Lage-Beziehungen
Zeit
Logik
Wahrscheinlichkeiten
Strukturen
Maßen

Die Fragen zu mathematischen Grunderfahrungen für die Raumgestaltung lauten:

Wo im Raum werden Kinder mit geometrischen Formen konfrontiert, und wie werden diese Formen in das kindliche Spiel integriert?

Ein Vorschlag ist das Suchspiel. Jedes Kind sucht so schnell wie möglich einen Kreis, ein Viereck, ein Dreieck. Dazu ist es natürlich erforderlich, dass die Erzieherin vorher den Kindern diese Begriffe erläutert hat und sie mit Erfahrungen aus der kindlichen Erlebniswelt kombiniert hat: Ball = rund, Kreis = wie ein Teller, Dreieck = Hausspitze, Viereck = Platzset oder Bilderbuch usw.

Werden Zahlen in Ihren Räumen als Zeichen dargestellt?

Finden sich „1", „5", „7" usw. z.B. an Türen, an der Uhr, im Kalender?

Einfache Idee – große Wirkung: die Zahlentreppe.

Welchen Bezug können Kinder zu den Zahlen herstellen?

Welche Erfahrungen mit Mengen kann ein Kind im Kita-Alltag sammeln (z.B. Verteilen der Teller entsprechend der Kinderanzahl)?

Bei der Auseinandersetzung mit Mengen geht es nicht nur um die konkrete Anzahl der benötigten Teller oder Tassen, sondern um Erfahrungen mit den Begriffen: viel, wenig, ein bisschen. Das eigenständige Auffüllen des Essens ermöglicht es Kindern beispielsweise, zu diesen abstrakten Begriffen ein Verhältnis zu entwickeln. In Schweden und in Reggio-Emilia (Italien) haben wir „Geburtstagsketten" in Kitas gesehen. An der Wand ist eine Leiste befestigt, und an dieser hängt für jedes Kind eine Schnur, an deren Ende ein Foto des Kindes angebracht ist. An jedem Geburtstag erhält das Kind eine Perle seiner Wahl, die es auffädelt. Die Anzahl der Perlen verrät also das Alter jedes Kindes. (Für Krippenkinder übernimmt das Auffädeln die Erzieherin, bis das Kind feinmotorisch selbst dazu in der Lage ist.)

Gibt es Würfelspiele, und werden diese im Alltag genutzt?

Wie oft werden Abzählreime angewandt?

Die Verdeutlichung einer Zahl durch die dargestellten Punkte auf einem Würfel wird von vielen Einrichtungen gerade im Treppenbereich oft genutzt. Dabei ist zu beachten, dass Sie sich im Sinne der Chancengleichheit aller Kinder auf Bildung mit Dyskalkulie (Rechenschwäche) auseinandersetzen. So sollten Sie zum Beispiel die Zahl 7 nicht durch eine Würfel-Sechs und eine Würfel-Eins darstellen, sondern immer durch die Würfel-Fünf als Maximalmenge. Die Fünf gilt als die Körpermitte (an einer Hand und an einem Fuß sind fünf Gliedmaßen, und dann geht es auf der anderen Körperseite weiter). D.h., man würde die Zahl 7 über die Würfel-Fünf und die Würfel-Zwei darstellen.

Welche Muster kann ein Kind entdecken?

Gibt es dafür entsprechendes Material?

Wo finden Kinder im Alltag Anregungen?

Wie können Kinder in ihrem Lebensalltag Muster wiedererkennen (z.B. den wiederkehrenden Tagesablauf, das eigene Spiegelbild, den Aufbau eines Liedes mit Strophe und Refrain, die Schrittabfolge beim Tanzen)?

Gehen Sie doch einfach mal selbst auf die Suche, und Sie werden staunen, mit welch vielfältigen Mustern wir tagtäglich konfrontiert sind und in welchen Mustern wir leben.

Wie kann ein Kind das Sortieren erfahren?

Wenn wir das Aufräumen als Spiel deklarieren, hat das Kind regelmäßig Anlässe, Verschiedenes zu sortieren. Da müssen Stifte wieder richtig eingeräumt, Puzzleteile zugeordnet, Schuhe ordentlich hingestellt werden. Beim Sortieren trifft das Kind eine Entscheidung, und als Beobachterin können Sie viel über kindliche Lösungsstrategien erfahren: Nach welchem Prinzip sortiert das Kind? Nach der Farbe, der Form, der Größe? Sehr beliebt bei Kindern sind alle möglichen Materialsammlungen, von **Knöpfen** über **Steine**, **Münzen**, **Perlen** etc. Legen Sie solche Sammlungen gemeinsam mit Kindern an, bitten Sie Eltern um Unterstützung. Kinder schätzen und achten Materialien sowie Raum-Umgestaltungen mehr, wenn sie selbst an deren Anschaffung bzw. Umsetzung beteiligt waren.

Gutes Material zum Muster-Legen sollte in jeder Kita vorhanden sein.

Auch das Getränkeeingießen ist eine Form des Messens.

Können Kinder messen und wiegen?

Beim Messen und Wiegen in Krippe und Kita geht es nicht vorrangig darum, dass ein Kind genau weiß, wie schwer ein Kilogramm oder dass der Raum sieben Meter lang ist. Vielmehr brauchen Kinder die Möglichkeit, Begriffe wie „leicht", „schwer", „schwerer als ...", „groß" und „klein" in einen Bezug zu sich selbst stellen zu können. Deshalb benötigen Sie in der Kita nicht unbedingt eine Waage mit Anzeige und einen Zollstock. Hier sind kindorientierte Angebote gefragt – erst später ergibt die Auseinandersetzung der Kinder mit Zahlenaussagen mittels Waage und Zollstock einen Sinn. Das Kind benötigt zuerst eigene Lösungen, um zu abstrakten Begriffen innere Bilder produzieren zu können und um damit solche Begriffe überhaupt zu verstehen. Zum Messen haben wir bereits im Kapitel „Sensibilisierung" Vorschläge gemacht. Zum Wiegen kommen hier Anregungen: Ein Kleiderbügel mit Hängevorrichtungen für Röcke und Hosen wird für Kinder zu einer perfekten Waage, wenn Sie zwei gleich große Tüten oder Plastikschüsseln mit einer Schnur daran befestigen. Dann legt man sich den Bügelhaken auf den Zeigefinger und tariert ihn aus, nun kann links und rechts etwas in die Tüten bzw. Schüsseln getan werden, z.B. Obst, Stifte etc. Das Spiel bietet verschiedene Varianten. Kinder können die Gewichtszunahme oder -abnahme auf Grund der Veränderung der angehängten Materialmengen erleben, oder sie vergleichen beispielsweise das Gewicht eines Apfels mit dem von Stiften. Bringen Kinder beide Seiten des Kleiderbügels ins Gleichgewicht, wissen sie: das wiegt gleich viel. Das Füllen von Behältern und das anschließende Ausschütten oder Ausgießen ist eines der Lieblingsspiele von Kindern. Das ist neben der Freude am Umgang mit Flüssigkeiten auch eine wichtige Lernerfahrung im Bereich Messen. Sie unterstützen ein Kind nicht, wenn es sich selbst etwas zu Trinken eingießt und Sie zu ihm sagen: „Stopp, das reicht." Sie nehmen damit dem Kind die eigene Erfahrung. Es hat lediglich gelernt, dass Sie wissen, wann etwas überläuft oder nicht. Um aber seine Bewegungen so zu koordinieren, dass etwas nicht überläuft, muss das Kind selbst spüren, wann es zu viel war. Schaffen Sie also eine Umgebung, in der Sie aushalten können, dass etwas überläuft, umgekippt und ausgeschüttet wird. So lernt ein Kind, seine eigenen Bewegungen zu korrigieren und erlebt, wann es genug ist.

Tipp:

Sammeln Sie verschiedene Behälter und Materialien zum Schütten und Gießen, z.B. Töpfe, Eimer, leere Waschmittelflaschen etc.

Wie kann ein Kind Raum-Lage-Beziehungen herstellen?

Hierbei geht es darum, dass Kinder mit den Begriffen: oben, unten, vor, hinter, in, auf, neben, um, links, rechts etc. etwas anfangen können. In der Praxis haben wir oft erlebt, dass das Spiel „Mein rechter, rechter Platz ist frei" für Vier- bis Sechsjährige eine Überforderung darstellt und im Raten, wo denn nun links oder rechts sei, endete. Eine kleine Anekdote, die wirklich wahr ist: Wir alle haben als Kindergartenkinder gelernt, dass wir beim Überqueren der Straße zuerst nach links und dann nach rechts schauen müssen, ob die Straße frei ist.

Vor einiger Zeit haben wir herzlich gelacht, als uns eine Bekannte erzählte, dass sie im Alter von 18 Jahren an einer Straße stand und eine für sie sensationelle Beobachtung machte: Ihr fiel in diesem Moment (erst) auf, dass die von links kommenden Autos dichter an ihr vorbei fuhren als die Autos auf der gegenüberliegenden Fahrbahn. Sie überprüfte ihre Wahrnehmung, indem sie auf die andere Straßenseite ging und erneut schaute, ob es auch dort so sei, dass die von links kommenden Autos dicht an ihr vorbeifahren. Stolz lief sie mit der neu gewonnenen Erkenntnis nach Hause, dass Autos in Deutschland immer von links kommend dicht an einem vorbeifahren. Die ungläubigen Gesichter der Familie kann man sich leicht vorstellen. Nun, warum erzählen wir das? Weil in der Kindergartenzeit etwas versäumt wurde: Unsere Bekannte hatte die mahnenden Worte der Erzieherin „Immer erst nach links schauen, dann nach rechts!" auswendig gelernt, aber sie hatte nie den Grund dafür verinnerlicht. Diese Information fehlte ihr bis zu ihrem Selbstversuch im Alter von 18 Jahren. Überprüfen Sie also: Welche Möglichkeiten, Raum-Lage-Beziehungen zu erfahren, finden Kinder im Kita-Alltag? **Kinder brauchen eigene Erfahrungen, um Gesetzmäßigkeiten oder Begriffsbezeichnungen, die für uns Erwachsene selbstverständlich sind, zu verstehen.** Dann begreifen sie, bei welcher Menge Wasser das Glas überlaufen muss – oder wo denn nun eigentlich links ist.

Über, unter, neben, vor – Raum-Lage-Beziehungen lernen Kindern am besten in Bewegung.

Wie erleben Kinder Zeit?

Bei Erfahrungen mit dem Begriff Zeit denken Sie vielleicht sofort an einen Wecker, an eine Uhr oder einen Kalender. Aber auch hier geht es erst einmal um Grunderfahrungen wie „gleich", „später", „nachher", „nie". Gerade jüngeren Kindern fällt das Abwarten als Aufforderung schwer, da sie nicht einschätzen können, was „gleich" oder „nachher" bedeutet. Den Kindern fehlen die sich wiederholenden Erfahrungen, um ein Zeitgefühl zu entwickeln. Achten Sie einmal auf Ihre Wortwahl und auf die Reaktion der Kinder. **Konkrete Aussagen, wie: „Ich lege nur noch das Buch weg" helfen Kindern, das Warten auszuhalten, weil ein eindeutiges und für sie verständliches Ende in Sicht ist.** Die Benutzung des Wortes „morgen" wird Krippenkindern oft mit der Erklärung „noch einmal schlafen" verdeutlicht. Wieder geht es darum, den Kindern Zeit erfahrbar zu machen.

In der Raumgestaltung bietet es sich an, eine **Uhr mit Zeigern** zu wählen anstelle einer Uhr mit Digitalanzeige. Kinder sehen, dass die Zeiger einer Uhr stetig und in jeweils unterschiedlicher Geschwindigkeit vorrücken. Sie erleben das „Verstreichen" von Zeit. Sie können beobachten, dass es einen Zeiger

Durch diesen Kalender lernen die Kinder nicht die Reihenfolge der Wochentage.

gibt, der sehr schnell wandert, einen der gemütlich vorrückt und einen dicken Zeiger, bei dem man ganz lange warten muss, ehe man sieht, dass er ein Stück gewandert ist. Es geht nicht darum, dass bereits Krippenkinder die Uhr lesen können müssen. Aber wenn Sie zu Kindern sagen: „Wenn der schwarze Zeiger oben angekommen ist, gehen wir in den Garten", dann ist das für Kinder nachvollziehbar und sie können zum Beispiel dabei zusehen, wie lange der schwarze Zeiger dafür benötigt. Auch Sanduhren sind gut dafür geeignet, Zeit für Kinder erfahrbar zu machen. Wer von uns hat als Kind nicht gern vor der Eieruhr gesessen und gewartet, bis der Sand durchgerieselt war?

Die Beschäftigung mit Kalendern in der Kita dient nicht nur der Vermittlung eines Datums. Für Kinder ist ein Datum völlig uninteressant. Aber welcher Wochentag heute ist und wie lange es noch bis zum Geburtstag oder Wochenende dauert – das ist spannend. Es geht um Erfahrungen wie „heute", „gestern", „morgen" und um die Erkenntnis der Reihenfolge der Wochentage. Montag ist der erste Tag der Woche, Dienstag immer der zweite … Oft lernen Kinder diese Reihenfolge durch ein Lied oder Gedicht auswendig, ohne die Logik dahinter zu verstehen. Das passiert, wenn es keinen persönlichen Bezug zu dem zeitlichen Erleben gibt. Diesen stellen Sie her, wenn Sie den Kindern beispielsweise erklären: Immer montags kommst du wieder in den Kindergarten. In mehreren Einrichtungen haben wir folgenden Kalender gesehen (siehe Abb. links):

Dieser Kalender bietet den Kindern keine Möglichkeit, die Reihenfolge der Wochentage zu lernen. Geeigneter ist ein ganz einfacher kostengünstiger Wochenkalender mit dem rot umrandeten Schieber. Hier können die Kinder zu Beginn der Woche feststellen: Oh, wir müssen den Schieber nach ganz vorn rücken, weil eine neue Woche angefangen hat, und die Woche beginnt mit dem Montag. Auf diese Weise erfahren die Kinder die Reihenfolge der Wochentage, den Namen der Wochentage und die Zahl 7. Natürlich funktioniert das nur, wenn Sie ein tägliches Ritual mit den Kindern durchführen, bei dem Sie den Kalender gemeinsam mit den Kindern neu einstellen und dies entsprechend sprachlich begleiten. Sprachliche Informationen können die Kinder dann mit visuellen Reizen verbinden. Dieses Beispiel steht für die Vielschichtigkeit einer Erfahrung (eines Lernthemas), da eine solche Auseinandersetzung mit dem Kalender unter sprachlichen, mathematischen und auch bewegungsbezogenen Lernthemen der Kinder aufgeführt werden kann.

Sprache

Die Bedeutung des kindlichen Spracherwerbs ist Ihnen sicherlich hinlänglich bekannt. Neben der großen **Vorbildwirkung der Erzieherin (grammatikalisch korrekte sprachliche Begleitung des eigenen Handelns, Lieder, Gedichte, Sprachrätsel, Tischsprüche, Schüttelreime, das Reden in ganzen Sätzen, Vorlesen, freies Erfinden und Erzählen von Märchen und Geschichten)** kommt natürlich auch dem Raum eine große Bedeutung zu, um das Kind in seiner sprachlichen Entwicklung zu unterstützen. Hier eine Auswahl an Möglichkeiten:

1. *Das Kind findet möglichst viele Dinge vor, die es interessant findet.*
2. *Das Kind sieht ihm unbekannte Dinge, die es kennenlernen und benennen will.*
3. *Es werden altersgerechte Bücher für Mädchen und Jungen angeboten, die in einer anregenden Atmosphäre betrachtet bzw. gelesen werden können (Lese-Orte).*
4. *Es werden Schreibanlässe geschaffen.*
5. *Es werden Schreiborte und Materialien angeboten.*
6. *Sprache findet sich in Textform wieder. (Beschriftung von Raumelementen wie z.B. Tür)*
7. *Bilder und Texte werden kombiniert (Piktogramme, Garderobenbeschriftungen).*
8. *Spiele, die zum Reden anregen (z.B. Postspiele, Regelspiele)*
9. *Rollenspielbereiche werden ausgebaut.*
10. *Puppentheater*
11. *Es gibt beschriftete Eigentumsfächer für Kinder.*
12. *Das Portfolio des Kindes steht jederzeit zugänglich bereit und wird gemeinsam vervollständigt.*
13. *Hörbücher und entsprechende Abspielgeräte sind vorhanden.*
14. *Sichtbare Raumregeln sind aufgehängt (Text und Bild).*
15. *Anlauttabellen hängen im Raum.*
16. *Schriftzeichen anderer Kulturen finden sich im Raum.*
17. *Es gibt einen Schreibcomputer oder eine funktionstüchtige Schreibmaschine.*
18. *Es gibt eine Druckwerkstatt mit Stempeln (Bilder und Buchstaben).*
19. *Es gibt einen Kinderbriefkasten.*

Es geht hier vorrangig darum, den Kindern den spielerischen Zugang zur eigenen Muttersprache zu ermöglichen und ihnen vielfältige Gelegenheiten zu bieten, diese anzuwenden – ohne eine vordergründige Korrektur oder Bewertung des Gesagten. Die Kinder können die Symbolik der Schriftsprache entdecken, unabhängig davon, ob sie beim Kopieren der Zeichen diese korrekt darstellen. Hiermit ist nicht die in vielen Einrichtungen praktizierte Schulvorbereitung gemeint, in denen jedes Kind täglich Vorschreibübungen absolviert. In solchen Heften müssen Kinder Wellenlinien in ein vorgegebenes Schreibfenster zeichnen. Um feinmotorische Fähigkeiten zu fördern, könnten Sie doch auch mit den Kindern an den Strand gehen und mit Stöcken die Bewegungen des Meeres im Sand nachziehen. Oder Sie regen eine Kindermassage an und erzählen dazu eine Geschichte, in der das Meer über den Rücken der Kinder fließt. Welche Methode stellt wohl den größeren Bezug zum Kind her, ist lebendig, lebensnah und fühlbar?

Eine Erzieherin wurde von ihrer Leiterin aufgefordert, die Buchstabenzeichen aus dem Gruppenraum zu entfernen und das begonnene Projekt zur Schriftsprache abzubrechen, denn schließlich würden die Kinder das in der Schule lernen, und sie wollten dem doch nicht vorgreifen. Buchstaben in einem Gruppenraum sind keine aufgedrückte, krampfhafte Schulvorbereitung, sondern eine altersgerechte Auseinandersetzung mit

Spielerische Begegnung mit Schrift sollte auch Kita-Kindern angeboten werden.

Bieten Sie den Kindern eine Schreibecke mit unterschiedlichen Schreibgegenständen an.

Sprache, mit Bildern, mit Formen, mit dem realen Leben. Wie sich ein Kind einen solchen Buchstaben erschließt, ob es ihn einfach nur betrachtet und schön findet, die Form mag oder weiterreichende Zusammenhänge erkennt, sollte ein Kind ohne Druck selbst entscheiden können. In jedem Falle mutet man ihm nichts zu, sondern macht ein Angebot. Das können Kinder annehmen oder ablehnen.

Es ist wichtig, den Spracherwerb nicht ausschließlich auf die Fähigkeiten zu reduzieren, sich mündlich oder schriftlich korrekt mitzuteilen. Kinder haben ihre eigene Sprache von Geburt an. Sie nehmen auf ihre ganz spezifische Art und Weise Kontakt mit uns auf, versuchen nonverbal mit uns zu kommunizieren. So wichtig es ist, ihnen den Zugang zu abstrakten Begriffen zu ermöglichen, so wesentlich ist auch die Aufgabe der Erzieherin, die Sprache des Kindes zu erlernen, seine Mimik und Gestik zu verstehen und zu erkennen, wie es dem Kind geht und was es sagen will. Wenn die Auseinandersetzung mit Gefühlen als wesentliches Thema in den Gruppenalltag einfließt und Kinder Materialien vorfinden, mit deren Hilfe sie sich mit eigenen Gefühlen auseinandersetzen, sie verarbeiten und anderen mitteilen können, unterstützen Sie wesentlich die sprachliche Entwicklung. Es liegt auf der Hand, dass das Kind keine Motivation hat, die Sprache der Erwachsenen zu lernen, wenn ihm wiederholt vermittelt wird, dass Erwachsene sich nicht bemühen, die Ausdrucksformen des Kindes zu verstehen. Merke: Das Kind spricht von Geburt an mit uns. Es liegt an uns, seine Sprache zu verstehen und es zu ermutigen, mit uns und anderen zu kommunizieren.

Tipp:

Filmhinweis: „Ins Schreiben hinein. Kinder auf der Suche nach dem Sinn der Zeichen" Elschenbroich/Schweitzer 2001, VHS oder DVD

Bildnerisches Gestalten oder Kunst als Ausdrucksform des Kindes

Orte zu schaffen, an denen sich Kinder künstlerisch betätigen können, ist eine grundlegende Aufgabe von Kindertagesstätten. Die Bedeutung dessen wird besonders deutlich, wenn man sich noch einmal vergegenwärtigt, dass die Sprache nur eine Ausdrucksform des Kindes ist. Es gibt vielfältige Möglichkeiten, sich künstlerisch auszudrücken. Kindern diesen Zugang zu ermöglichen, verlangt auch eine konsequente Umsetzung in der Raumgestaltung und im aktiven Ausleben eigener Ausdrucksformen. **Der Erzieherin obliegt die Aufgabe, Kindern Techniken des bildnerischen Gestaltens vorzustellen und die Kinder im experimentellen Umgang damit zu unterstützen.** Hierfür ist es notwendig, sich die altersspezifischen Fähigkeiten der Kinder anzuschauen und darauf einzugehen.

Krippenkinder

1. *Hände und Füße als Werkzeuge erkennen und bewusst einsetzen*
2. *Unterstützung des Bau- und Konstruktionsspiels*
3. *Materialsammlungen anlegen (Steine, Kastanien, Muscheln, Stoffreste etc.)*
4. *unterschiedliche Material-Erfahrungen ermöglichen (Knete, Matsch, Wasser, Papier, Naturmaterialien etc.)*
5. *Einsatz von Fingermalfarben*
6. *große Arbeitsflächen zur Verfügung stellen, die Kinder entweder stehend oder auf dem Fußboden sitzend nutzen können*
7. *Einsatz von Staffeleien*
8. *erste freie Erfahrungen (d.h. ohne Zielvorgaben) mit Kleber und Scheren ermöglichen*
9. *erste freie Erfahrungen mit diversen Mal-Utensilien (wie Pinsel und Stifte) ermöglichen*
10. *Angebote zur Veränderung des Materials, z.B. Werkzeuge zum Bearbeiten von Knete*
11. *Freies Kombinieren von Techniken (z.B. Schneiden, Kleben und Malen) ermöglichen*

Kindergartenkinder

1. *Materialsammlungen erweitern*
2. *Kennenlernen von Techniken des bildnerischen Gestaltens (Drucken, Collagen, Töpfern, Aquarellmalerei, Arbeiten mit Ytong-Steinen etc.)*
3. *Recycling-Produkte als Materialien für künstlerisches Gestalten nutzen*
4. *Besuch von Ausstellungen, Auseinandersetzung mit bekannten Künstlern*
5. *Kennenlernen von Handwerk und Verfahren, wie z.B. Papierschöpfen, Weben, Nähen*
6. *Zusammenarbeit mit regionalen Künstlern*
7. *Einrichten eines Kinderateliers*
8. *Einrichten einer Holzwerkstatt mit Werkbänken*
9. *Umgang mit Säge, Hammer, Bohrer*
10. *Anregen von assoziativem Arbeiten nach Erlebnissen, Ausflügen oder einer Geschichte*
11. *Eigene Werkzeuge und Hilfsmittel mit Kindern bauen*
12. *Dreidimensionales Gestalten bis hin zu Bildhauerei*
13. *Forcieren von mehrtägigen Arbeiten und Gemeinschaftsarbeiten*
14. *Einbeziehung künstlerischer Tätigkeiten in die Projektarbeit (z.B. Bau von Bühnendekorationen und Fertigen von Kostümen für ein Theaterstück)*

Hortkinder

1. *Erweiterung der Materialsammlung und des Werkstattbereiches*
2. *Vertiefen einzelner künstlerischer Techniken durch Kursangebote*
3. *Unterstützung von Interessen und Hobbys*
4. *Kunst als Form der Artikulation fördern*
5. *Eigenständiges Arbeiten in den Werkstattbereichen ohne Aufsicht ermöglichen (Prinzip des Werkstattpasses bzw. Aufstellen klarer gemeinsamer Regeln)*

Ein Werkstattbereich für Kindergarten- und Hortkinder

Musik

Musik hat viel mit Wohlfühlen zu tun. Über die Musik kann der Mensch seinen Gefühlen Ausdruck verleihen, sich in bestimmten Liedern oder instrumentalen Stücken emotional wiederfinden. Selber Lieder zu singen oder gar eigene Liedtexte zu schreiben und vorzutragen oder auf einem Instrument Töne zu erzeugen, die andere Menschen gefühlsmäßig bewegen und vielleicht zum Mitsingen anregen, ist etwas sehr Erbauendes. Das ungeborene Kind reagiert im Bauch der Mutter auf die jeweilige Musikrichtung, welche die Mutter gerade hört. Bei klassischer Musik wird es z.B. ruhig, auf Popmusik reagiert es mit Tritten gegen den mütterlichen Bauch. Kinder haben ein scheinbar angeborenes Rhythmusgefühl – schon Säuglinge sieht man auf dem Arm der Mutter mitwippen.

Welche Angebote sollte eine Erzieherin im Kita-Alltag machen? **Mit den Kindern Musik hören, tanzen, Lieder erlernen und singen, Instrumente spielen.** Es ist wichtig, dass die Erzieherin über ein großes Repertoire an Liedgut verfügt und den Kindern sowohl klassische Kinderlieder als auch moderne Interpreten, wie z.B. Rolf Zuckowski, nahebringt.

Räumliche Voraussetzungen sind hierfür:

- gute Akustik in den Räumen
- breites Angebot an Orff-Instrumenten, die auch im Freispiel von Kindern genutzt werden können
- HiFi-Geräte (Plattenspieler, CD-Recorder, Kassettenrecorder, Tonbandgeräte), die Kinder auch allein nutzen können
- Möglichkeiten, eigene Instrumente zu bauen (Orgel aus Wasserflaschen)
- das Vorhandensein von Klanggeschichten
- regelmäßiger Einsatz von Musik in Tischsituationen oder als Einschlafritual
- Konfrontation der Kinder mit Noten als bildliche Darstellung von Musik
- Platz zum Tanzen (z.B. auch mit Tüchern)
- Einsatz von Instrumenten, die die Erzieherin beherrscht (z.B. Gitarre)
- Geschichten, in denen Musik eine tragende Rolle spielt (z.B. „Peter und der Wolf")
- Gemütliche Entspannungsbereiche, in denen das Kind ungestört Musik hören kann
- Sammlung von Tonträgern mit verschiedenen Musikrichtungen (z.B. Instrumentalmusik, klassische Musik, Kinderlieder, arabische Musik)

Eine kleine Sammlung Instrumente
sollte in keiner Kita fehlen.

Naturwissenschaftliche und technische Erfahrungen

Kinder erschließen sich die Welt, indem sie Zusammenhänge durch selbst gemachte Erfahrungen erkennen. Sie wollen verstehen, warum etwas so ist und wie es funktioniert. Wo bleibt die Sonne nachts? Geht das Licht im Kühlschrank beim Zumachen aus? Die Aufgabe der Erzieherin besteht nicht darin, Kindern diese Zusammenhänge darzulegen und sich dann darauf zu verlassen, dass das Kind alles verstanden hat. Ein Kind kann Zusammenhänge nur dann verstehen und glauben, wenn es eine eigene Erfahrung damit verbindet (einen Selbsttest macht). Einer einleuchtenden Erklärung sollte also möglichst eine eigene Erfahrung folgen, damit das Kind das Gehörte auch tatsächlich selbst erleben und überprüfen kann – getreu dem Motto: Vertrauen ist gut, Kontrolle ist besser.

Dazu noch ein Beispiel aus meiner (Ute Bendt) eigenen Kindheit: „Ich war selbst ein Kind, das keiner Aufforderung gefolgt ist, die es nicht verstanden hat. Nach einer ausgiebigen Schneeballschlacht kam ich einmal nach Hause und konnte meine Hände kaum noch spüren, so kalt waren sie. Meine Eltern rieten mir, kaltes Wasser über die Hände laufen zu lassen, ohne jedwede Erklärung. Ich dachte: Nein, mir ist ja sowieso schon so kalt, also nehme ich lieber gleich heißes Wasser. Dann geht es schneller mit dem Warmwerden. Den Schmerz werde ich nie vergessen. Meine Eltern sagten so etwas wie: Wer nicht hören will, muss fühlen. Sie hätten es mir schlichtweg erklären sollen, dann hätte ich es auf Grund ihrer Anregung erst einmal am kleinen Finger ausprobiert und nicht solche Schmerzen erfahren müssen."

Die Aufgabe der Erzieherin besteht darin, Kinder anzuregen, selbst eine Antwort auf Fragen zu finden und sie in ihren Lösungsversuchen zu begleiten. Reagieren Sie auf die Frage: „Wo ist denn die Sonne geblieben?" mit Gegenfragen: „Was glaubst du denn, wo sie ist?" oder „Wie können wir das denn herausfinden?". Es geht nicht darum, dass die Erzieherin wie ein Zauberer naturwissenschaftliche Experimente vorführt, die Kinder sich nicht erklären können, sondern dass sie mit Kindern gemeinsam Dinge ausprobiert. Dabei gilt es, Kinder zuerst nach ihrer eigenen Erklärung der Phänomene zu befragen, bevor die Erzieherin erste Hinweise gibt. Wenn ein Kind nach dem „Warum" fragt, heißt das nicht zwangsläufig, dass es eine Antwort erwartet. Es teilt damit lediglich mit, dass es sich mit dieser Frage beschäftigt. Wie groß kann die Enttäuschung für Kinder sein, wenn Sie ihnen eine Antwort vorgeben, ein Rätsel lösen, bevor sie es selbst tun konnten! Was lernen Kinder aus vorweggenommenen Lösungen? Die Erzieherin weiß alles (besser), und sie selbst sind zu klein dafür. Wenn dagegen eine Erzieherin den Kindern signalisiert, selbst auch keine Antwort zu haben (selbst, wenn sie diese hat), können die Kinder an der Suche nach einem gemeinsamen Lösungsweg wachsen. Kindern beispielsweise zu ermöglichen, einfache Maschinen selbst zu handhaben und dabei auch Fehler zu machen oder etwas langsamer zu begreifen, lässt sie groß werden und in der realen Welt ankommen. Innerhalb der Auseinandersetzung mit den Naturwissenschaften kommt der Aufgabe, Fehler zuzulassen, eine große Bedeutung zu.

Ein Beispiel:
Ein fünfjähriges Mädchen schnitt im Garten der Oma Blumen ab und steckte diese in einen Kieshaufen. Sie goss die Blumen ordentlich, doch am nächsten Tag ließen die Blumen die Köpfe hängen. Das Mädchen wiederholte den Vorgang und goss dieses Mal die Blumen mehrmals am Tag. Am darauf folgenden Tag waren auch diese Blumen hinüber. Das Mädchen wunderte sich und machte sich auf die Suche zu ergründen, was an ihrer Pflanzmethode nun anders sei als bei den Blumenbeeten der Oma.

Geben Sie Kindern genügend Zeit, eigene Fehler zu erkennen und neue Wege zu finden, um eine Fragestellung zu lösen. Viel zu oft werden Kinder in einem solchen Prozess unterbrochen oder belehrt. Erzieherinnen würden staunen, auf welche Ideen und Zusammenhänge Kinder eigenständig kommen, wenn man sie lässt. Erst, wenn Kinder offensichtlich in einer „Sackgasse" sind (auch die muss man eine Zeit lang aushalten), ist es gut, sie mit Fragen anzuregen, einen anderen Weg einzuschlagen. Kinder bitten Erzieherinnen oder Bezugspersonen dann schon von ganz alleine, ihnen zu helfen. **Und helfen heißt in diesem Zusammenhang nicht: „Löse es bitte für mich." Es heißt: „Hilf mir, es selbst zu lösen."**

Natürlich wissen Erzieherinnen, dass ein Schatten nicht eingefangen werden kann, aber Kinder müssen und wollen das selber erkennen und herausfinden. Ein gut dokumentiertes Projekt, aus dem man viel lernen und auf die eigene pädagogische

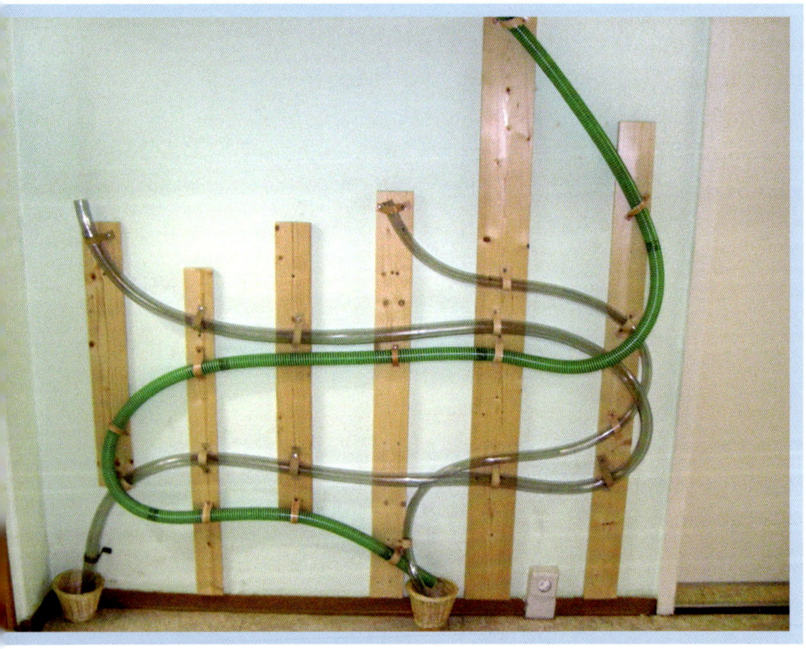

Kugelbahnen wie diese lassen sich schnell und einfach selbst installieren.

„Hilf mir, es selbst zu lösen!" – mit Angeboten zum Experimentieren.

Arbeit übertragen kann, stammt aus der Reggio-Pädagogik: „Alles hat einen Schatten außer den Ameisen".

In der Raumgestaltung sollte Platz für naturwissenschaftliche und technische Erfahrungen geschaffen werden. Hier einige Anregungen:

- ein Kräuterbeet am Fenster
- Lupen, Kaleidoskope, Mikroskope zum Beobachten oder veränderten Wahrnehmen
- nicht mehr benötigte Wecker oder technische Geräte zum Auseinanderschrauben
- eine mechanische Saftpresse
- eine Kaffee- oder Getreidemühle
- eine funktionierende Waage mit Gewichten
- ein Schattentheater
- Naturfotobände
- funktionierende Kinderfotoapparate
- Pflanzenpressen (am besten mit den Kindern selbstgebaute)
- Bestimmungsbücher, Experimentierbücher für Kinder
- ein Schlauchtelefon

Soziale Entwicklung

Vom „ich" zum „du" zum „wir"

Die soziale Entwicklung des Kindes vollzieht sich stufenweise. Am Anfang seines Lebens steht die **Ich-Wahrnehmung** im Vordergrund: Wer bin ich, was kann ich, was tut mir gut, wo höre ich auf? Im Mittelpunkt dieser Phase stehen die Sinneswahrnehmungen und

Krippenkinder brauchen Spiegel.

die Auseinandersetzung mit den eigenen Gefühlen, die dem Kind ermöglichen, sich in Bezug zur Welt zu setzen. Als abgeschlossen gilt die Phase, wenn das Kind von sich selbst in der Ich-Form spricht und nicht mehr Sätze über sich sagt wie „Nina hat Hunger". Ein bekanntes Experiment ist das Spiel, in dem ein Kind vor seinem Spiegelbild steht, und die Erzieherin fragt das Kind: Wo ist Nina? Und Nina, auf ihre Brust tippend, antwortet: „Hier bin ich." In der zweiten Phase, der **Du-Phase**, geht es darum, dass das Kind sich von anderen Personen abgrenzt. Hierbei rückt die Wahrnehmung von Unterschieden im Verhalten, in Bedürfnissen und in Interessen im Vergleich zu den Eltern, zu Spielkameraden oder anderen Bezugspersonen in den Vordergrund. Nachdem dieses Thema für das Kind zu einem bestimmten individuellen Zeitpunkt abgeschlossen ist, ist es bereit für die **Wir-Phase** (und wirklich erst dann!). Dann ist das Kind bereit, sich auf andere einzulassen, kann Kompromisse eingehen, Dinge teilen und anderen Menschen etwas abgeben, Empathie entwickeln, sich streiten und wieder versöhnen. Die Phasen entsprechen einer (bio-)logischen Reihenfolge. **Keine Stufe kann übersprungen oder vorweggenommen werden.** Dies ist insofern wichtig zu verstehen, als dass wir im Krippenbereich oft eine Überforderung der Kinder erleben. Kinder, die noch nicht in der Wir-Phase angekommen sind, können noch nicht empathisch sein, sich entschuldigen oder verstehen, dass sie jetzt warten müssen.

Wenn Sie um diese (hier stark vereinfachten) Etappen der sozialen Entwicklung eines Kindes wissen, dann können Sie in der Raumgestaltung darauf konkret Bezug nehmen. Das bedeutet, dass Sie innerhalb der Raumgestaltung bedenken, dass im Krippenalter die Ich-Wahrnehmung im Vordergrund steht. Alle Materialien, die Kindern ermöglichen, Sinneserfahrungen zu machen oder ihre Gefühle bewusst zu erleben und auszudrücken, unterstützen die Entwicklung von Kindern in dieser Phase. Hier einige Beispiele:

- der persönliche Schlafplatz (Nestchen, siehe Kapitel „Die Bedeutung des Wohlfühlens"), der als solcher durch ein Foto oder ein persönliches Kuscheltier erkennbar ist
- Portfolio des Kindes (beachten Sie, dass das Portfolio Eigentum des Kindes ist, also auch in Kinderhände und in Kinderhöhe gehört und demzufolge frei zugänglich ist)
- Schatzkiste des Kindes
- Handpuppen für Rollenspiele
- viele unterschiedliche Materialien zum Fühlen
- Unebenheiten im Raum als Herausforderung
- Spiegel

Im Übergang zwischen Krippen- und Kindergartenalter geht es erst vorrangig um die Abgrenzung der eigenen Persönlichkeit und dann – darauf aufbauend – um die Annäherung an andere Menschen, um das Sich-Aufeinander-Einlassen mit dem gewonnenen Selbstbewusstsein: Das bin ich, das kann ich, das will ich (oder eben nicht). Selbstverständlich sollten nach wie vor Materialien zur Ich-Wahrnehmung angeboten werden, da jedes Kind sich in seinem individuellen Tempo entwickelt und die Auseinandersetzung mit den eigenen Gefühlen ein lebenslanges Thema bleibt. Anregungen für die Raumgestaltung:

- weiterführende Materialien für die Sinneswahrnehmung (Sammlungen)
- Materialien zum Ausdrücken der eigenen Gefühle (Handpuppen etc.)
- Materialien zum Verkleiden (in andere Rollen schlüpfen)
- Bewegungsmöglichkeiten (Boxsack)
- Materialien für Projekte und Gemeinschaftsspiele
- Rückzugsmöglichkeiten

Im Hortbereich geht es darum, die Selbstständigkeit der Kinder weiter zu fördern, ihnen zu vertrauen, dass sie Kompetenzen für eigene Konfliktlösungen haben, und Kinder bei Bedarf zu unterstützen. Vollziehen Sie diese Unterstützung immer getreu der Maßgabe aus der Montessori-Pädagogik: Hilf mir, es selbst zu tun! Hortkinder wollen ihren Alltag weitestgehend selbst gestalten, bei Bedarf Anregungen nutzen, sich aber auch vom Schulvormittag erholen. Für die Raumgestaltung bedeutet das:

- mehrere Rückzugsmöglichkeiten (nicht nur eine einzige, da es Phasen gibt, in denen Jungen oder Mädchen unter sich sein wollen)
- Möglichkeiten für Aktivitäten sowohl in Innenräumen als auch draußen, um einen körperlichen Ausgleich zu den geistigen Schulanforderungen zu schaffen (Tischtennisplatte, Kickerspiel etc.)
- Ausbau des Werkstattbereiches
- Einsatz von Alltagsgegenständen in der freien Hortarbeit oder in Kursangeboten (Kochen mit Hortkindern, Nähkurs, Fahrradwerkstatt)
- Kinderbibliothek mit altersgerechter, geschlechtsspezifischer Literatur

Eine Anregung zum Lesebereich in allen Altersstufen: Denken Sie einmal kurz darüber nach, wo Sie am liebsten lesen. Die häufigsten Antworten, die wir darauf bekamen, lauteten: auf der Couch, im Bett, auf der Wiese liegend oder im Ohrensessel. Selten nannten Erzieherinnen als Ort einen Tisch. Überprüfen Sie, welche Möglichkeiten Kinder in Ihrer Einrichtung haben, es sich zum Lesen, zum Blättern in Büchern richtig gemütlich zu machen. **Schaffen Sie spezielle Lesebereiche. Sitzsäcke, Bodenkissen, ein ausrangiertes Sofa sind tolle Utensilien dafür.** Achten Sie darauf, dass der Bereich möglichst durch natürliches Licht ausgeleuchtet wird oder – wenn nötig – eine künstliche Lichtquelle ein warmes Licht erzeugt. Büchern die nötige Achtung und Sorgfalt im Umgang entgegenzubringen, lernen Kinder auch über die Art der Darbietung von Büchern. **Stellen Sie Bücher nicht mit dem Buchrücken sondern mit der Frontansicht ins Regal.** So können sich Kinder viel besser orientieren und finden sofort ihr Lieblingsbuch.

In diesem Regal findet jedes Kind sein Lieblingsbuch.

Mädchen und Jungen

Kinder, sowohl Mädchen als auch Jungen, brauchen für eine gesunde Entwicklung ihrer Persönlichkeit die Auseinandersetzung mit der eigenen Geschlechterrolle und die Wahrnehmung des anderen Geschlechts.

Schauen wir uns nun Kindertagesstätten in Deutschland an, dann müssen wir ehrlicherweise sagen: Kitas sind weiblich! Nicht, weil es „die Kindertagesstätte" heißt, sondern weil vorrangig Frauen als Erzieherinnen und Leiterinnen dort arbeiten. Natürlich prägen Frauen als pädagogisches Personal nicht nur die pädagogische Arbeit, sondern auch die Raumgestaltung.

Im schlechtesten Fall finden Sie im Gruppenraum Häkeldeckchen, Kunstblumen, mit Motiven übersäte Übergardinen und jede Menge Dekorationsartikel. Hätte ein Mann den Raum gestaltet, dann würde er wahrscheinlich anders aussehen. Solche Dinge prägen Kinder. Da wir nicht – was wünschenswert wäre – pro Gruppe einen Erzieher und eine Erzieherin einsetzen können, sollte dieses Ungleichgewicht auf andere Art und Weise gelöst werden. Doch das ist schwierig. Wie professionell eine Erzieherin auch immer ist und wie sehr sie sich auch in Jungen hineinzuversetzen vermag – sie kann keinen Mann ersetzen. **Für die pädagogische Arbeit empfehlen wir deshalb, so häufig wie möglich Männer in den Kita-Alltag mit einzubeziehen:** den Hausmeister, der mit den Kindern Vogelhäuser baut, Väter, die bei der Raumgestaltung tatkräftig mit anfassen, männliche Praktikanten, die in der Regel andere Spiele mit Kindern spielen als die Erzieherin. Was können Sie als Erzieherin nun in der Raumgestaltung tun, um dieses Ungleichgewicht zu minimieren? Hier einige Anregungen:

- Überprüfen Sie den Rollenspielbereich. Häufig findet sich dort eine große Auswahl typisch weiblicher Accessoires: Kämme, Ketten, Tücher, Hüte, Kleider, Schmuck, Taschen usw. Was dagegen gibt es an typisch männlichen Kleidungsstücken bzw. vorrangig von Männern genutzten Gegenständen? Einen Kinderbauhelm, vielleicht noch eine Krawatte oder einen Kinderwerkzeuggürtel. Wie wäre es z.B. mit einer Aktentasche, Schiebermützen, Gürteln, Männerhemden, Brieftaschen, Männerschuhen, Pfeifen, Rasierern (ohne Klinge), Rasierpinseln?
- Ermöglichen Sie den Kindern auch das Spiel mit ausrangierten technischen Alltagsgegenständen wie z.B. Computern, Fotoapparaten, Telefonen, Toastern, Mikrowellen, Radios, abmontierten Duschschläuchen ...
- Überprüfen Sie die Materialsammlungen. Häufig finden wir Materialien, die ästhetisch ansprechend sind: Knöpfe, Muscheln, Steine, Perlen, Kastanien etc. Ergänzen Sie diese Materialien zum Beispiel durch verschiedene Schrauben und Muttern, Insektensammlungen etc.
- Überprüfen Sie das Atelier auf die angebotenen Materialien und Werkzeuge hin. Ergänzen Sie die Materialien durch Holz-

Achten Sie darauf, dass Ihre Raumgestaltung auch den Bedürfnissen der Jungen gerecht wird.

reste in verschiedenen Größen, Nägel, Werkzeuge, wie z.B. Säge, Hammer, Zange, Zollstock, eine Werkbank. Das beinhaltet konsequenterweise auch, dass die Kinder unter Ihrer Anleitung damit arbeiten können. Als Werkbank eignet sich übrigens hervorragend eine ausrangierte Kabeltrommel, sowohl in Innenräumen als auch im Außenbereich. Eine solche Kabeltrommel ist robust und kostet nichts.

Bevor Sie loslegen, ein kleiner Tipp: Fragen Sie doch einfach die Jungen, was sie sich noch im Atelier oder im Rollenspielbereich wünschen. Ergänzend stellen Sie die gleiche Frage den Vätern auf dem nächsten Elternabend. Sicherlich können sie sich daran erinnern, womit sie als kleine Jungen gern gespielt haben – oder sie wissen, womit sie heute gern spielen würden ...

Die angebotenen Möglichkeiten sind nicht ausschließlich für Jungen gedacht. Vielleicht haben Sie beobachtet, dass auch Jungen gern mal ein Kleid anziehen. Genauso werden Sie feststellen, dass Mädchen die „Männer-Sachen“ nutzen. Der Ansatz besteht darin, den Kindern die Auseinandersetzung mit beiden Geschlechtern zu ermöglichen. In der heutigen Zeit können immer mehr Berufe nicht mehr ausschließlich einem Geschlecht zugeordnet werden, wie z.B. Krankenpfleger/in und Kfz-Mechaniker/in. Umso wichtiger ist es für die kindliche Entwicklung, sich mit der ganzen Bandbreite der Lebenswelt der Erwachsenen auseinanderzusetzen.

Nicht nur für Jungen: Eine Werkbank

Spuren hinterlassen – wo und wie?

Bei aller sinnvollen Strukturierung eines Raumes darf das Recht des Kindes auf Meinungsäußerung und demzufolge auch auf Mitsprache und Mitgestaltung nicht zu kurz kommen. Kinder brauchen Bereiche, die sie eigenständig gestalten können. Das kann z.B. der Höhlenbereich sein, der einen von Kindern ausgewählten Anstrich aus düsteren Farben – ein Gemisch aus Braun, Schwarz und Lila – erhält. Dann wirkt es ein bisschen gruselig und schaurig, ganz wie Kinder sich eine Höhle vorstellen. In diese Höhle tragen Kinder alles hinein, was sie zum Höhlenleben brauchen: einen alten Topf, Stroh, kleine Stöckchen, Steine aus der Steinsammlung, alte Decken. Halten Sie es als Erwachsene aus, dass die Wahl der Materialien nicht farblich aufeinander abgestimmt und aus Erwachsenensicht vielleicht nicht schön anzuschauen ist! Ein geäußerter Erwachsenen-Vorschlag zur Gestaltung einer Höhle lautete: gelbe Wände, Sternendecke, Lichterkette. So sieht keine Höhle aus! Denken Sie noch einmal an Ihre eigene Kindheit. Kinder brauchen ihr Reich, in dem sie die alleinigen Bestimmer sind. Kinder wollen sich zurückziehen können, Geheimnisse haben und sich unbeobachtet fühlen. Kindern den notwendigen Raum dafür zu geben, bedeutet, ihr Recht auf Privatsphäre anzuerkennen. Aufsicht darf nicht als Draufsicht verstanden werden. Finden Sie gemeinsam mit den Kindern einen Kompromiss und klären Sie, in welchem Umfang die Kinder ihre „erwachsenenfreien Zonen" gestalten können.

In Kindereinrichtungen vermissen wir Kinderfotos in den Gruppenräumen – durchaus in Plakatgröße –, die die vielfältigen Tätigkeiten des Kindes widerspiegeln. Das Kind erfährt auf diese Weise eine Achtung gegenüber seinem Handeln. Solche Fotos haben einen konkreten Bezug zu den Kindern, ganz anders als verniedlichte Kunstdrucke von gezeichneten pausbäckigen Kindern in einem roten Mohnfeld. Bevor Sie Fotos aufhängen, zeigen Sie diese den Kindern. Zum einen entsteht dadurch ein Gespräch, in dem Sie etwas über die Gedanken und Gefühle des Kindes erfahren. Zum anderen kommt auch hier das Recht des Kindes auf persönliche Ehre zum Tragen. Sollte ihm das Foto unangenehm sein, z.B. weil es das Kind wütend oder nackt zeigt, kann das Kind den Aushang ablehnen.

Es gibt vielfältige Möglichkeiten, einem Kind das Gefühl zu geben: Hier gehöre ich dazu, diese Räume gehören ein bisschen auch mir. Ganz einfach: **Bringen Sie an der Garderobe, am Matratzenschrank und im Bad am Handtuchhaken das Foto des Kindes mit seinem Namen an.** So weiß das Kind: Das ist mein Platz, mein Haken, meine Matte. Eine schlechte Idee sind aus unserer Sicht die häufig anzutreffenden Symbolkärtchen, denn erstens: Wer möchte schon während der gesamten Kita-Zeit das „Schweinchen" sein und auf dieses Symbol reduziert werden? Nur weil Kinder sich sprachlich nicht äußern (können oder wollen), heißt das nicht, dass sie das nicht stört. Diese symbolischen Zuordnungen sind nicht wertschätzend. Zweitens: Bezugspersonen, die das Kind selten abholen, können sich nicht gut orientieren und wissen nicht, wo die Sachen des Kindes sind. Drittens: Selbst Erzieherinnen, die als Vertretung in der Gruppe sind, verzweifeln oft an diesen Symbolen und benötigen eine Liste, die die dazugehörigen Namen enthält.

Hier eine Idee, die sich bei allen Altersgruppen bewährt hat: Integrieren Sie Fotos der Familie des Kindes in die Raumgestaltung. Ob als laminiertes „Mein-Erinner-Mich-Buch" oder als Bild am Bettchen des Krippenkindes oder als große Collage – der Effekt ist immer derselbe: Kinder nutzen diese Fotos, um ins Gespräch mit Erzieherinnen oder anderen Kindern zu kommen oder bei Kummer und Sehnsucht, um sich nicht allein zu fühlen. Meine (Ute Bendt) Kinder nehmen ihre Bücher auf jede Reise, die sie machen, mit.

Verwenden Sie lieber Fotos als Symbole, um die Zugehörigkeit von Materialien zu verdeutlichen!

Dokumentationen

Wenn wir von professioneller Raumgestaltung sprechen, kommen wir nicht umhin, auf Dokumentationen in Kindertagesstätten einzugehen. In Dokumentationen machen Sie den Alltag einer Kita transparent. Viele Kitas haben in den letzten Jahren begonnen, Dokumentationen einen größeren Stellenwert einzuräumen als noch vor einem Jahrzehnt. Einiges gilt es in Bezug auf die Raumgestaltung bei Dokumentationen zu beachten: **Für wen ist die Dokumentation?** Für Kinder, für Eltern, für das Team? Viele Dokumentationen sprechen alle drei Zielgruppen an. Manche nur die Eltern, manche nur das Team. Berücksichtigen Sie die jeweilige Zielgruppe bei der Form der Dokumentation, der Art der Präsentation und bei der Entscheidung für den Umfang. Dokumentieren Sie Situationen und Tätigkeiten von Kindern im Alltag! Halten Sie nicht nur spezielle Projekte, Veranstaltungen oder Ausflüge in Wort und Bild fest, sondern vor allem die alltägliche Arbeit der Kinder.

Gelungene Projektdokumentation für die Eltern: übersichtlich, mit Fotos und informativen Texten.

Dokumentationen für Eltern

Wir haben festgestellt, dass in Kitas Dokumentationen für Eltern der größte Platz eingeräumt wird (meist im Flur). Es ist sehr wichtig, den Alltag des Kindes in der Einrichtung für Eltern transparent zu gestalten. Schließlich haben sie ein Recht darauf, jederzeit darüber informiert zu sein, ob es ihrem Kind gutgeht, was es erlebt hat, womit es sich auseinandersetzt. Bitte beachten Sie bei der Präsentation Ihrer Dokumentationen, dass Eltern in der Regel auf dem Weg zur Arbeit sind oder von der Arbeit zurückkommen. Sie wollen sich demzufolge schnell orientieren, sich einen Überblick verschaffen, für sie Wichtiges von Unwichtigem unterscheiden können. Wie empfehlen Ihnen, diesem Bedürfnis nach schneller Aufnahme von Information durch eine klare Strukturierung gerecht zu werden. Unterteilen Sie Ihre Wanddokumentationen im Flur durch Überschriften wie z.B. „Aktuelles", „Projekte", „Momentaufnahmen" oder „Grundsätze" (Gesetzestexte, Hausordnung, Vorschriften). So können sich Eltern schnell dem Thema zuwenden, das für sie entweder neu oder

Elterninformation – übersichtlich und aktuell

Ein Ordner, mit dem Rücken an die Wand geschraubt, ermöglicht einfache und übersichtliche Dokumentationen.

von großem Interesse ist. Sie erkennen es auf einen Blick. Das bedeutet für Sie aber auch, dass die Wanddokumentationen regelmäßig gepflegt, auf Aktualität überprüft und alle veralteten oder unnötigen Informationen entfernt werden. Wenn beispielsweise an einer Wand bereits zehn DIN-A4-Blätter zu einem Projekt der Kinder hängen, ist es für Besucher schwierig zu erkennen, dass heute ein 11. Blatt hinzugefügt wurde. Dem wirken Sie entgegen, wenn Sie das neue Blatt besonders kennzeichnen oder eben einer anderen Spalte zuordnen. Ein Hinweis zur besonderen Kennzeichnung: Achten Sie darauf, dass auch hier weniger mehr ist. Wenn Sie nun alle neuen Seiten besonders kennzeichnen, dann kann man sich auch wieder nicht orientieren, denn wenn Sie zu viel betonen, betonen Sie am Ende nichts mehr. Auch wenn unter einer der empfohlenen Spalten mal nichts hängt, ist das okay. Dann wissen Eltern auf den ersten Blick: „Heute gibt es keine aktuelle Information, die ich unbedingt lesen muss."

Eine Anmerkung zu Litfaßsäulen als Träger von Informationen in Kindertagesstätten: Sie sind deshalb ungeeignet, weil eine Strukturierung hier kaum möglich ist. Informationen müssen immer gesucht werden. Meist findet sich an Litfaßsäulen ein Sammelsurium von alten und neuen Informationen. Das mag ja ganz lebendig aussehen, aber als Quelle von Information ist diese Variante nicht empfehlenswert. Eine Säule erfordert außerdem, dass man (suchend) um sie herum läuft. Denken Sie an die Eltern, die unter Zeitdruck stehen …

Wenn Sie möchten, dass Eltern sich mehr Zeit für das Lesen und Betrachten Ihrer Dokumentationen nehmen, lautet die raumgestalterische Antwort: Schaffen Sie die entsprechende Atmosphäre dafür. Vorschlag: eine bequeme Sitzgruppe mit einem kleinen Tisch im Flur, auf dem Tisch liegen ein oder zwei Projekthefter, an der Wand befindet sich ein Regal mit Informationen (Broschüren, Flyer), die für Eltern relevant sind und die sie auch mitnehmen dürfen. Das signalisiert: Nehmen Sie ruhig Platz, verweilen Sie einen Augenblick, nehmen Sie sich Zeit für das Lesen! Manch eine Kita hat in einem solchen Bereich sogar eine Kaffeemaschine mit einer „Kasse des Vertrauens" aufgestellt. Es wird ihnen entgegengebracht ...

Wertschätzendes Dokumentieren

Inhaltlich sei darauf hingewiesen, dass eine **wertschätzende Dokumentation** sich nicht auf die Präsentation des Endproduktes des kindlichen Handelns konzentriert (z.B. einen fertig gekneteten Igel zeigt), sondern dass sie den **Prozess und die dabei geäußerten Gedanken und Gefühle** der Kinder in den Vordergrund stellt. Seien Sie beim Begleiten solcher Tätigkeiten von Kindern nicht zu zielorientiert. Geben Sie den Kindern nicht das Gefühl, dass am Ende des Tages unbedingt ein Igel als Ergebnis ihres Handelns herauskommen muss – damit Sie den Eltern etwas „vorweisen" können. Es geht ganz klar um die Tätigkeit des Kindes, und diese dokumentieren Sie. Dann wissen Eltern genau, was ihr Kind in der Kita gemacht hat. Ob da am Ende ein Igel steht oder nicht, ist für eine Dokumentation vollkommen unerheblich.

Es gibt immer wieder Fragen von Erzieherinnen, an welcher Stelle einer Kinderzeichnung sie denn den Namen des Kindes vermerken: vorn auf dem Blatt oder hinten? Einige Fachberaterinnen empfehlen: auf der Rückseite. Wir wissen, dass dies ein fachlicher Disput ist und Sie Argumente für beide Positionen finden werden. Unsere Position lautet: Der Name des Kindes gehört vorn auf die Zeichnung (es sei denn, das Kind möchte nicht, dass Sie dort etwas hinschreiben). Die meisten Künstler hinterlassen auf ihren Arbeiten eine sichtbare Signatur auf der Vorderseite. Das hat für Kinder neben der Zuordnung auch etwas mit Stolz auf das selbst Geschaffene zu tun. Deshalb empfehlen wir Ihnen, Kindern frühzeitig zu ermöglichen, selbst ihren Namen oder ihr Zeichen auf das Blatt zu schreiben. Wenn Sie als Erzieherin die

Großformatige Bücher eignen sich ebenfalls für die Dokumentation.

jeweilige Arbeit mit dem Namen des Kindes versehen, achten Sie darauf, den vollen Namen zu nennen und keinen Spitznamen des Kindes. Auch hier geht es mal wieder um Achtung vor dem Kind. Bei Arbeiten von Krippenkindern haben wir in einigen Einrichtungen gesehen, dass die Kinder von der Erzieherin am Computer gefertigte und ausgedruckte Namensschilder auf ihre Arbeiten geklebt haben. Die professionellste Dokumentation von Kinderzeichnungen oder anderen künstlerischen Arbeiten sieht so aus: Die Arbeit hängt in einem **Rahmen**, ist **auf der Vorderseite signiert**, und unter dem Bild hängt ein **am Computer geschriebenes kleines Schild mit dem Namen des Kindes** und dem genauen **Datum der Fertigung** (manchmal ist das auch ein Zeitraum). Optional können Sie das Alter des Kindes hinzufügen. Dreidimensionale Arbeiten präsentieren Sie wertschätzend auf einem Sockel oder einem separaten Tisch mit der gleichen Art der Beschriftung.

Kinderarbeiten sollten besonders wertschätzend präsentiert werden.

Eine solche Bilderwand ist einfach gemacht und ermöglicht eindrucksvolle Präsentationen der Kinderbilder.

Der Weg ist das Ziel

Kindergartenkinder fangen bereits mit drei Jahren an, erste Schreibversuche zu unternehmen. Wenn sie durch ihr eigenes Portfolio, ihre Schatzkiste oder ihr Garderobenschild mit der Symbolik der Buchstaben tagtäglich konfrontiert werden, beginnen sie oft, diese abzuzeichnen. Bitten die Kinder Sie darum, ihnen dabei zu helfen, dann ist es völlig legitim, wenn Sie für das Kind den Namen vorn auf die Zeichnung schreiben. Ein häufiges Gegenargument an dieser Stelle lautet: „Wir sollen das nicht mehr machen, damit die Eltern nicht immer die Arbeiten der Kinder vergleichen." Nun, erstens: Eltern vergleichen die Arbeiten sowieso. Wenn der Name des Kindes auf der Rückseite steht, müssen sie eben alle Arbeiten erst herumdrehen, bis sie den Namen ihres Kindes finden. Zweitens: Wenn Sie den von uns benannten Grundsatz: „Dokumentieren Sie die Tätigkeit des Kindes!" beherzigen, rückt das fertige Produkt in den Hintergrund.

Ein Beispiel:
Im Flur liegen die Knetarbeiten von Zweijährigen, an jeder Arbeit steht ein Namensschild. Nachmittags kommt die Mutter von Anja und schaut sich die Arbeiten an. Dabei sieht sie, dass die Zielsetzung, eine Schlange zu formen, von Anja nicht erkennbar umgesetzt wurde. Bei dem zwei Monate jüngeren Jacob ist die Schlange eindeutig zu erkennen. Was wird die Mutter wohl denken? Wenn Anja Pech hat, denkt sie: „Wieso kann Jacob die Schlange formen und meine Tochter nicht? Sie ist doch sonst so kreativ! Am besten, ich schenke ihr zum Geburtstag Knete, und dann üben wir das gemeinsam!" Wenn es ganz schlimm kommt, sagt sie das auch noch zu ihrer Tochter. Das würde bedeuten, dass Anja innerhalb ihrer kreativen Arbeit bewertet und unter Druck gesetzt wird.

Ob sie sich über die Knete als Geburtstagsgeschenk dann wirklich freuen kann? Sie können auf Grund der Art Ihrer Dokumentation eine Menge tun, um die Wahrnehmung der Mutter zu verändern. Indem Sie in diesem Falle aufschreiben, mit welcher Ausdauer Anja geknetet hat, welche feinmotorischen Fähigkeiten dabei sichtbar wurden und wie Anja ihr Handeln kommentiert hat. Dann würde die Mutter die Fähigkeiten und Fertigkeiten ihrer Tochter erkennen und erfahren, dass das für sie undefinierbare Knetgebilde der Schlangenschlafplatz sein soll. Im Übrigen, je freier Sie den Kindern die Umsetzung eines Themas ermöglichen, ohne jedwede Muster oder Vorlagen, an denen sich Kinder orientieren, desto unterschiedlicher und individueller werden die kindlichen Arbeiten. Das wiederum macht einen Vergleich unmöglich. Wir haben Frühlingszeichnungen zu der Geschichte „Der Star im Apfelbaum" gesehen, auf denen alle Vierjährigen der Gruppe einen nahezu identischen Apfelbaum (Menge der Äste, Form des Baumes, Position des Vogels) gezeichnet hatten. Wie wird es dazu gekommen sein? Bei einem freien assoziativen Zugang der Kinder hätten wir sehr unterschiedliche Arbeiten vorgefunden – bei einem Kind vielleicht den leeren Apfelbaum, bei einem anderen das Vogelnest, bei dem nächsten den Star beim Fliegen. Auf jeden Fall wären es nicht 15 gleiche (= vergleichbare) Zeichnungen gewesen.

Hängen Sie Dokumentationen für Kinder immer auch in Kinderhöhe auf!

Dokumentationen für Kinder

Wir haben vorhin gesagt, dass den Dokumentationen für Eltern der größte Platz eingeräumt wird. Was wir in Einrichtungen vermissen, sind Dokumentationen für die Kinder. Äußerungen wie: „Das hängt doch im Flur!“ zeugen davon, dass das Grundverständnis dafür, warum Kindern Dokumentationen ermöglicht werden sollten, nicht vorhanden ist. Ein wichtiger Grundsatz innerhalb der Raumgestaltung: **Dokumentationen für Kinder gehören in Kinderhöhe.** Das ist wertschätzend gegenüber dem Kind und signalisiert ganz klar: Diese Dokumentation ist für dich! Des Weiteren gehören Dokumentationen zuallererst einmal in Kinderhand – die Kinder waren schließlich die Akteure, d.h., sie haben noch vor den Eltern das Recht, sich das Geschehene noch einmal vor Augen zu führen, gemeinsam in ihre Erinnerungen einzutauchen und auch Vorschläge zu unterbreiten, welche Fotos für die Flurwand ausgewählt werden. So erfährt manch eine Erzieherin gleich noch Gedanken der Kinder, die sie vorher nicht wahrgenommen hat. Beobachtetes und Dokumentiertes muss immer auch kommuniziert werden.

Ein Beispiel:
Eine Erzieherin beobachtete einen Jungen, der Bausteine übereinanderstapelte. Sie notierte sich: „Tom baute einen Turm.“ Als sie Tom später das Foto und ihre Notizen zeigte, sagte Tom: „Das war kein Turm, das war eine Rakete!“ Diese wichtige Information erhielt die Erzieherin nur auf Grund des Dialoges mit dem Kind. Dokumentationen für Kinder gehören in alle Bereiche der Kita, in denen Kinder tätig sind: in den Gruppenraum, ins Atelier, in den Sportraum, in den Flur. Erstens wird so der räumliche Bezug zum Erlebten hergestellt, und zweitens erfährt das Kind die Kita als Ort für Kinder: „Das ist meine Kita, und hier bin ich beim Spielen!“

Gelungene Präsentation von Kinderarbeiten im Flurbereich

Dokumentationen für das Team

Die Dokumentation für das Team bietet sich in der Regel im Personalraum an. Bitte überprüfen Sie, dass es sich dabei tatsächlich nur um Dokumentationen für das Team handelt und nicht etwa um das Portfolio der Kinder (das haben wir sogar auf Erzieherinnen-Toiletten gesehen).

Gibt es keinen Personalraum und ist auch das Büro der Leiterin zu klein, muss nach Alternativen gesucht werden, z.B. nach transportablen Stellwänden. Warum sollten auch Teams für sich selbst Abläufe oder Situationen visualisieren? Um eine unterbrochene Diskussion wieder aufgreifen zu können, um die Reflexion der eigenen Arbeit zu ermöglichen, für den gegenseitigen Fachaustausch und für die gegenseitige Anerkennung („Das war gut. Das ist dir sehr gut gelungen.").

Fazit:
Eine gute Dokumentation ermöglicht allen drei genannten Zielgruppen (Kindern, Eltern, dem Team) die tief greifende Auseinandersetzung mit dem Kita-Alltag. Natürlich richten sich Dokumentationen auch an Besucher der Einrichtung, an Großeltern, an den Träger, an Pressevertreter etc. Wir haben die unserer Ansicht nach wichtigsten drei Zielgruppen für die Vermittlung grundlegender Vorschläge ausgewählt.

Eine kleine Anregung zum Schluss des Kapitels: Der Wochen-Essensplan sollte in erster Linie als Information für das Kind dienen und nachfolgend als Information für die Eltern. Das Kind möchte nämlich wissen, was es heute zu essen gibt und möchte nicht jeden Tag Erwachsene danach fragen müssen. Wir machen jetzt keinen Ausflug in die Umsetzung gesunder Ernährung in Kitas. Es sei nur darauf verwiesen, dass allein die Information darüber, was es zu essen gibt, schon Appetit auslösen kann und zu einer körperlichen Vorbereitung zur baldigen Essensaufnahme führt. Als Essensplan für Kinder eignet sich gut ein Foto-Essensplan, mit ästhetisch angerichteten Speisen. Fotografieren Sie im Verlauf des Kita-Alltags jedes Essen, das die Kinder bekommen. Dann können Sie einen solchen Plan ganz einfach anfertigen. Die Informationen für Eltern sind in Textform ausreichend. Sie können ja außerdem einen Blick auf die Fotos für die Kinder werfen.

Gestalten Sie auch den Speiseplan für die Kinder – nicht nur für die Eltern.

Hier weiß jeder, wer wo sitzt.

Sinn-volle Raumgestaltung

Natürlich sind alle Gestaltungsvorschläge im vorliegenden Buch sinnvoll, und wir könnten jede unserer Anregungen hier einordnen. Dass es ein eigenständiges Kapitel mit dieser Überschrift gibt, hat einen Grund: Wenn wir von sinnvoller Raumgestaltung sprechen, dann meinen wir damit nicht nur, dass die Gestaltung des Raumes einen Sinn ergeben soll. Wir reden auch von einer Raumgestaltung, die die verschiedenen menschlichen Sinne anspricht.

Eine gute Raumgestaltung ermöglicht Kindern vielfältige Sinneserfahrungen.

Nähern Sie sich dem Thema Sinne durch eine kleine Übung: Schreiben Sie die sieben Sinne des Menschen auf. Notieren Sie zu jedem einzelnen Sinn, inwiefern dieser Sinn in Ihren Räumen bereits angesprochen wird. Können Kinder sehen, hören, riechen, schmecken, tasten, ihr Gleichgewicht und ihre Tiefenwahrnehmung (kinästhetischer Sinn) trainieren?

Mobiles und ähnliche gestaltete Objekte gehören auf Augenhöhe der Kinder.

Auf Augenhöhe

Das Erste, was uns (leider zu oft) auffällt, wenn wir einen Gruppenraum in einer Kita besichtigen, ist: Fast alle Dinge hängen oder liegen viel zu hoch. Es ist ein Raum für Kinder! Mobiles, die im oberen Drittel des Raumes hängen, werden von Kindern nicht wahrgenommen, weil es nicht ihrer Sichthöhe entspricht. Hängen Sie diese auf Kinderaugenhöhe z.B. über den Esstisch (ohne, dass es stört), dann können die Kinder es gut sehen, und gleichzeitig hängt ein so angebrachtes Mobile auch nicht den Erzieherinnen im Weg.

Eine Grundregel: **Konzentrieren Sie sich auf das untere Drittel der Raumhöhe, wenn Sie einen Gruppenraum für Kinder im Kindergartenalter gestalten.** Das heißt, Bilder, Spiegel, Aufbewahrungssysteme befinden sich in einer maximalen Höhe von 1 m. Regale sollten grundsätzlich offen zugänglich für Kinder sein, damit sie sich jederzeit nehmen können, was sie möchten. Zur Bedeutung von Spiegeln in Kindertagesstätten sei hier gesagt, dass Spiegel enorm wichtig für die Selbsterkennung eines Kindes sind, für den Abgleich der Fremdwahrnehmung mit der Eigenwahrnehmung und auch, um ungestört den Raum, Situationen und andere Personen zu beobachten. Beim Blick in den Spiegel können Kinder „um die Ecke" gucken, ohne direkt hinzusehen.

Es muss spannend bleiben

In Kindereinrichtungen wird leider viel Geld für fertiges Spielzeug und für didaktisches Material ausgegeben. Ein Großteil des Wissens, das sich Kinder mit didaktischem Material durch Üben aneignen sollen, lässt sich viel sinnvoller im Alltag während des täglichen Spiels erfahren. Wie man Knöpfe schließt, einen Reißverschluss bedient oder Schleifen bindet, lernen Kinder an den eigenen Kleidungsstücken leichter als auf einem Brett, da die Tätigkeit in einem Sinnzusammenhang steht: Das Kind möchte seine Jacke schließen, weil es zu kalt ist, den Schuh zubinden, weil es ihn ansonsten beim Spiel verliert. Ähnliches gilt für didaktisches Material innerhalb der Auseinandersetzung mit dem „Messen". Auch hier ist die Lernerfahrung für das Kind beim täglichen Eingießen des Tees oder beim Zubereiten von Speisen eine größere, da sie in einem klaren Zusammenhang mit dem Sinn, dem Zweck und der Notwendigkeit des eigenen Handelns steht.

Ein Beispiel:
Mehrere Krippen haben ein „Schlüssel-Schlossbrett" an der Wand befestigt. Das ist ein Brett, an dem mehrere unterschiedliche Schlösser und Riegel angebracht sind. Die dazugehörigen Schlüssel hängen an Schnüren oder Ketten.
Die Aufgabe des Kindes besteht darin, den passenden Schlüssel zum Schloss zu finden. Nach einigen Wiederholungen meistert es die Herausforderung. Nach mehrfacher Überprüfung ihres neu erworbenen Wissens ist der Reiz dieses Brettes für Kinder erschöpft. Anders verhält es sich, wenn ein ausrangierter Schrank oder ein Kasten so umgebaut werden, dass es mehrere Öffnungen mit verschiedenen Schlosssystemen gibt. Der Reiz dieses Spielgerätes liegt in der Sache selbst: Das Kind kann durch Öffnen etwas entdecken, durch Verschließen etwas verstecken, jeden Tag aufs Neue mit unendlichen Spielvariationen.

Ein weiteres Beispiel ist die an der Wand befestigte Sprossenwand in Gruppenräumen. Sie bleibt so lange spannend, wie das Kind lernt, diese zu erklimmen. Ist es dazu motorisch in der Lage, wird die Sprossenwand zunehmend uninteressanter, da sie keinen spielerischen Sinn erfüllt. Die Möglichkeit, den Raum von einer höheren Position wahrzunehmen, bietet die Sprossenwand nur begrenzt. Haben Sie als Kind mal versucht, sich (mit dem Rücken zur Sprossenwand gewandt) an dieser festzuhalten oder Ihren Po zwischen die größere Lücke am oberen Ende der Sprossenwand zu klemmen, um

Diese Schlüssel-Schloss-Bretter verlieren für Kinder schnell ihren Reiz.

Besser: Schlüssel-Schloss-Kästen, in denen Kinder etwas verstecken und entdecken können.

die Sicht genießen zu können oder andere Kinder zu beobachten? Wir sagen Ihnen, es ist äußerst unbequem und kompliziert. **Sinnvoller ist eine Sprossenwand, die der Idee gerecht wird, dass der Weg das Ziel ist.** Wenn das Kind über die Sprossenwand auf eine zweite Ebene gelangt, dann ergibt

Sprossenwände sollten sinnvoll in das Raumkonzept integriert sein.

es einen Sinn für das Kind, die Sprossenwand erklimmen zu wollen. Eine Sprossenwand, die so in das Raumkonzept integriert ist, garantiert die dauerhafte Nutzung durch die Kinder.

Derart entwickelte Raumelemente bewirken gleichzeitig intensivere Sinneserfahrungen, weil die unterschiedlichen Sinne durch das freie Spiel des Kindes miteinander kombiniert werden. Im Gegensatz zu vielen didaktischen Materialien gibt es im freien Spiel nicht eine richtige Lösung. Jede neue Spielkonstellation bedarf eines neuen Lösungsansatzes.

Spielmaterialien kontra Spielzeug

„Kinder brauchen Kinder und Sachen zum Spielen, aber keine Spielsachen." (A. Wieland)

Dieses Zitat bringt wichtige Erkenntnisse wunderbar auf den Punkt. Wir möchten es an dieser Stelle wie folgt ergänzen: **Kinder brauchen Kinder und Sachen, Raum und Zeit zum Spielen, aber keine Spielsachen!**

Autos, Flugzeuge, Puppen oder Motorikschleifen – solches Spielzeug finden wir in den meisten deutschen Kindereinrichtungen. Die dahinter steckende Absicht ist gut, allein die Umsetzung ist fragwürdig. Fertiges Spielzeug schränkt die Fantasie des Kindes enorm ein. Warum? Weil fertiges Spielzeug immer eine bestimmte vorgegebene Funktion hat, und weil das Kind es nur selten zweckentfremden kann. Das Kind braucht sich nicht mehr vorzustellen, wie das Spielzeug aussehen oder wozu es dienen könnte, weil das schon klar bestimmt ist. Der Fantasie des Kindes werden die Flügel gestutzt. Wenn nun aber ein Kind mit einem einfachen Stück Holz spielt, was kann das Holz dann in der Vorstellung des Kindes alles sein? Ein Auto, dann plötzlich ein Flugzeug, ein Mikrofon, Zauberstab … Die Fantasie läuft auf Hochtouren! Bei einem fertigen Spielzeugauto muss das Kind das Spielzeug wechseln, oder es hört sich gar von der Erzieherin oder anderen Kindern an: „Das Auto kann gar nicht fliegen, das geht ja gar nicht!"

Viele Spielzeuge sind aus unserer Sicht reizüberflutet und überfordern damit die Kinder. Die Motorikschleife hat nicht nur viele verschiebbare Formen. Jedes Teil hat eine andere Farbe. Damit nicht genug, einige dieser vermeintlich pädagogisch hochwertigen Spielzeuge erzeugen auch noch Geräusche, z.B. ein Klingeln oder Rasseln. Wie soll sich das Kind mit diesem Spielgerät auf eine Tätigkeit konzentrieren? Sie können beobachten, dass Kinder nicht lange mit so einem Spielgerät spielen. Das liegt nicht daran, dass sie keine Ausdauer oder Geduld haben (was viel Erzie-

Raum und Zeit zum Spielen, aber keine Spielsachen.

herinnen bemängeln), sondern daran, dass es nicht möglich ist, sich konzentriert mit einem Reiz auseinanderzusetzen. Hier wird die Forderung nach vielfältigen Sinneserfahrungen fehlinterpretiert. Multifunktionale Geräte finden wir auch in der Erwachsenenwelt, z.B. Handys mit Fotofunktion und Internetzugang oder Multimediageräte mit Fernseh-, Radio-, DVD- und Internetfunktion. Die Folge ist auch hier: Immer mehr Menschen fühlen sich schlichtweg überfordert.

Wir wissen, dass sich viele Erzieherinnen nicht vorstellen können, Ihre Einrichtung komplett spielzeugfrei zu gestalten. Ein empfehlenswertes Experiment, um Erfahrungen in dieser Hinsicht zu sammeln sowie Reaktionen von Kindern zu beobachten, ist das mehrwöchige Projekt „Spielzeugfreie Einrichtung". Dazu räumen Sie das gesamte Spielzeug gemeinsam mit den Kindern aus dem Gruppenraum („Wir schicken es in einen verdienten Urlaub."). Auch hier ist Ihre pädagogische Kompetenz gefragt, um den Kindern das Projekt schmackhaft und sie neugierig darauf zu machen. Dann beginnen Sie, Stück für Stück den Raum mit Spielmaterialien zu füllen: leere Toilettenpapierrollen, Holzstücke in verschiedenen Größen, Wäscheklammern, Decken, Tücher, Steine, Wolle, Stoffreste, Pappkartons, Baumrinde, Baumscheiben, Stöcke, Blätter, Moos, Plastikrohre, -schläuche, entgratete Blechdosen, leere Plastikflaschen, leere Jogurtbecher, Obstnetze, leere Eierverpackungen, einen Wäschekorb, Plastikwannen …

Sie können sich vielleicht nicht vorstellen, was die Kinder daraus alles machen, aber wir versprechen Ihnen: Sie werden staunen! Auf einmal spielen die Kinder konzentriert, aktions- und bewegungsreich und ausdauernd. Sie sind nämlich die Bestimmer, die Akteure, die Könige des Spiels. Im Spiel mit fertigem Spielzeug ist immer das Spielzeug der König.

Gehen Sie auf „Schatzsuche" und legen Sie eine Materialsammlung an – ohne Spielzeug.

Unabhängig von solch einem Versuch sollten Spielmaterialien in den Mittelpunkt der Raumgestaltung gerückt werden. Tragen Sie solche Materialien gemeinsam mit Kindern und Eltern zusammen. Kinder sind die geborenen Sammler. Mit ihnen gemeinsam auf „Schatzsuche" zu gehen, ist nicht nur Mittel zum Zweck, sondern auch hier gilt wieder: Der Weg ist das Ziel. Bei dieser Vorgehensweise werden alle Rechte der Kinder berücksichtigt. Wichtig ist, die Kinder und Eltern von Anfang an mit einzubeziehen. Vorschläge dafür sind:

1. *Aushang für die Eltern oder Elternbrief: „Wir suchen ..." mit den Kindern gestalten (Zitate, Fotos, Zeichnungen einfügen)*
2. *Mit Kindern Sammlungen anlegen (Steine vom Strand, Knöpfe, Wollreste, unterschiedliche Nusssorten, ausrangierte Uhren etc.)*
3. *Kisten oder Schalen mit Kindern besorgen, z.B. Obstholzkisten von Lebensmittelläden und kleine transparente Plastikschalen, in denen Obst verkauft wird*
4. *Mit Kindern Baumscheiben vom Förster, Stoffreste von Innenausstattern, Papierreste von Druckereien oder Werbefirmen organisieren*
5. *Mit Kindern das Thema Recycling aktiv umsetzen, z.B. Mülltrennung einführen, Sammlung von leeren Toilettenpapierrollen, Gemüsenetzen und abgewaschenen Jogurtbechern, leere Verpackungsmaterialien für den Puppenbereich (Recherchetipp: www.remida.de)*
6. *Schaffen von alternativem Baumaterial: leere, gesäuberte und entgratete Blechdosen, Baumscheiben, mit Kindern zurechtgesägte Stöcke, Leisten oder Hartfaserplatten, Steine, Tücher, Planen, Pappröhren vom Teppichmarkt, Plastikrohrreste in verschiedenen Größen, die Sie bei einer Sanitärfirma organisieren können, sowie Kartons in allen Größen*
7. *Sammlungen dokumentieren und beschriften, z.B. „Knöpfe". Sind in der Gruppe Kinder mit Migrationshintergrund, nutzen Sie die Situation, um sich gemeinsam mit den Kindern mit den unterschiedlichen Muttersprachen auseinanderzusetzen. Wie bezeichnet man Knöpfe im Arabischen oder Russischen? Das ist ein direkter Bezug zum Recht der Kinder auf Schutz im Krieg und auf der Flucht (siehe Kapitel „Rechte der Kinder").*

Wenn Sie Eltern nicht rechtzeitig über Ihre Entscheidung informieren, Spielzeug gegen Spielmaterialien auszutauschen, erhalten Sie eventuell „gut gemeinte" Spielzeugspenden von Eltern. Eine Einrichtung hatte sich z.B. auf den Weg gemacht, Spielzeug gegen Spielmaterial zu tauschen und das verbliebene Spielzeug zu begrenzen. Eltern fragten ganz entsetzt nach, ob die Einrichtung kein Geld mehr hätte und brachten sofort Berge an Kuscheltieren. Die Erzieherinnen hatten schlichtweg vergessen, die Eltern zu informieren und sie von Anfang an miteinzubeziehen.

Entscheiden Sie sich in der Kita für Spielmaterialien, nicht für fertiges Spielzeug. Halten Sie die Raumgestaltung so flexibel wie möglich. So können Sie auf die aktuellen Spielformen der Kinder, auf ihre Bedürfnisse, auf ihre Themen besser eingehen und diese in der Raumgestaltung aufgreifen. Das Recht des Kindes auf Spiel, Ruhe und Freizeit findet dabei bereits Beachtung.

Ein weiterer positiver Effekt: Wenn Sie Spielzeug gegen Spielmaterial tauschen und das vorhandene Spielzeug dezimieren (nicht jedes Kind der Gruppe braucht zeitgleich ein Auto, ein Puzzle und einen Puppenwagen), dann haben Sie mehr Platz, da viele Aufbewahrungsschränke überflüssig werden.

Höhenunterschiede

In der sensibilisierenden Übung „Perspektivwechsel" ist deutlich geworden, dass die Raumhöhe in Kindereinrichtungen sich an den Bedürfnissen Erwachsener orientiert. Wie kann den Kindern nun das Gefühl, zu klein zu sein, genommen werden? Sie können prüfen, ob Sie im Raum teilweise die Decke abhängen können, entweder dauerhaft durch eine Zwischendecke oder mit Hilfe von Stoffbahnen. Bereits im Krippenbereich haben sich der Bau von Podesten oder zweiten Ebenen und der Einsatz von Tritten bewährt. So können Kinder größer werden und den Raum aus einer höheren Position wahrnehmen. Tritte ermöglichen Kindern, ohne die Hilfe der Erzieherinnen selbstständig auch an höher gestellte Dinge zu kommen. Auch schräge Ebenen und Treppen schaffen Höhenunterschiede, mit Hilfe derer sich Kinder größer fühlen können. Gleichzeitig trainieren Kinder dadurch ihren Gleichgewichtssinn.

Die Bedeutung des Spiels für die Raumgestaltung

Der Erzieherinnen wohl bekannteste Ausspruch zum Spiel des Kindes lautet: Das Spiel ist die Arbeit des Kindes. Durch das Spiel setzt sich das Kind auf seine ganz eigene Weise mit der realen Welt, mit den vorhandenen Regeln, mit Fehlern und Irrtümern, mit Fragen, Gedanken und Gefühlen auseinander. Es sensibilisiert seine Wahrnehmungsfähigkeit, seine Fähigkeit des Selbsthandelns. Die Fähigkeit zum Spiel ist jedoch nicht angeboren. Spielen will gelernt sein. Dort, wo Kinder ins Staunen kommen, dort, wo sie sich mit wahrgenommenen Reizen frei und unbewertet auseinandersetzen, können Kinder ins Spiel kommen.

Podeste und Tritte kommen dem Bedürfnis der Kinder nach Perspektivwechsel entgegen.

Bauspiele eignen sich gut für die Entwicklung der Spielfähigkeit.

Dazu gehört auch, dass das Kind den Wechsel zwischen Anspannung und Spannung im Tagesablauf erfährt. Spielen bedeutet, sich und/oder andere zu unterhalten. Dabei ist das Spiel zweckfrei – das unterscheidet es klar von einer didaktischen Einheit, die von einigen Erzieherinnen regelmäßig in den Tagesablauf integriert wird (siehe auch Kapitel Sinnvolle Raumgestaltung). Beachten Sie bitte, dass das Spiel immer aus der Neugierde des Kindes heraus entsteht, die Welt zu erkunden. Wir haben im Kapitel „Wohlfühlen" bereits dargelegt, unter welchen Voraussetzungen das Kind neugierig auf die Welt sein kann. Wenn also Spielen die Arbeit des Kindes ist und das Spiel nur aus der Neugier heraus entstehen kann, dann wird noch einmal sehr deutlich, wie wichtig es ist, dass das Kind sich in der Kita wohlfühlt und Lebensfreude empfindet, um sich überhaupt auf seine Arbeit einzulassen. Was bei der Betrachtung des hohen Stellenwertes des Spiels auch deutlich wird: **Wenn wir das Spiel als Haupttätigkeit des Kindes bezeichnen, dann benötigt das Kind nicht nur ausreichend Platz zum Spielen, sondern auch die entsprechende Zeit.** Das Spiel darf nicht als „Lückenbüßer" betrachtet, ihm muss in der Tagesplanung der größte Zeitanteil eingeräumt werden.

Eine Raumgestaltung, die dem Recht des Kindes auf Spiel gerecht wird, sorgt dafür, dass Kinder je nach ihren Bedürfnissen und ihrem Entwicklungsstand möglichst alle im Folgenden genannten Spielformen ausleben können.

Spielformen, die dem Aufbau der Spielfähigkeit des Kindes dienen

- Fingerspiele
- Bauspiele
- Entdeckungs-/Wahrnehmungsspiele
- Konstruktionsspiele
- Produktionsspiele zum Gestalten
- Bewegungsspiele
- Musikspiele
- Handpuppen/Marionettenspiele

Spielformen, die dem Ausbau der Spielfähigkeit dienen

- Schattenspiele
- Sozial- und Regelspiele
- Aggressionsspiele (zum Austoben)
- Freispiele
- Rollenspiele (Planungsspiele)
- Theaterspiele
- Märchenspiele
- Gruppendynamische Spiele

Freispiel bedeutet freies Spiel. Das Kind wählt aus ihm bekannten Spielformen eine Form, die momentan seinen Bedürfnissen entspricht. Es spielt allein oder fragt andere Personen, ob sie mit ihm das Spiel spielen wollen. Dabei stellt das Kind durchaus auch eigene Spielregeln auf oder verändert bereits bestehende. Verfügt das Kind jedoch nicht über ein gewisses Maß an Spielfähigkeit, sind ihm die verschiedenen Spielformen nicht vertraut, dann ist es mit der Aufforderung der Erzieherin „Ihr habt jetzt Freispiel. Sucht euch das, wozu ihr Lust habt!" schlicht und ergreifend überfordert. Aufgabe der Erzieherin ist es also nicht nur, über entsprechende Grundkenntnisse zu den einzelnen Spielformen zu verfügen, sondern den Kindern durch die Auseinandersetzung mit den ersten acht Spielformen die Entwicklung der eigenen Spielfähigkeit zu ermöglichen. Es ist von großer Bedeutung, dass die Kinder die Erzieherin als spielendes Vorbild erleben.

Kinder sind nach Erkenntnissen der Entwicklungspsychologie erst ab ca. 3 1/2 – 4 Jahren in der Lage, sich auf Sozial- und Regelspiele einzulassen. Damit ein Kind sich neugierig, freudig und konzentriert auf das Freispiel einlassen kann, ist es wichtig, dass es in seiner Individualentwicklung unterstützt wird. Dazu gehört natürlich auch der Umgang mit den eigenen Gefühlen, z.B. im Ausleben dieser Gefühle bei Aggressionsspielen.

Welche Bedeutung haben die einzelnen Spielformen?

Spielformen	Exemplarische Bedeutungen für die kindliche Entwicklung
Fingerspiele	*Nähe erleben, sich auf etwas konzentrieren*
Bauspiele	*erste Spielform, Selbstwirksamkeit des kindlichen Handelns*
Entdeckungs-/Wahrnehmungsspiele (z.B. Verstecken, Entdecken, Fühlen, Tasten, Schmecken, Hören)	*Mimik und Gestik wahrnehmen (Was kann das Kind womit machen?) Entdeckung von Veränderungen: Was ist jetzt anders?*
Konstruktionsspiele	*prägend für kognitive Entwicklung und Vorstellungsfähigkeit, besondere Bedeutung auch im Bereich der Mathematik, Systematisierung*
Produktionsspiele	*sind Werkspiele, Umgang mit Gebrauchsmaterialien (Was kann das Kind daraus machen?)*
Bewegungsspiele	*dienen dem Stressabbau, Bewegung muss tief erlebt werden, deshalb so intensiv betreiben wie möglich (nur stressfreie Kinder sind wahrnehmungsoffen)*
Musikspiele	*wichtig für den Gleichklang der Seele, Gemütszustände werden intensiver erlebt und können ausgelebt werden*
Handpuppen/Marionettenspiele	*dienen dazu, sich mit sich selbst auseinanderzusetzen, zur Verarbeitung von Konflikten und Sorgen, sich in andere hineinversetzen zu können, Empathieentwicklung*
Schattenspiele	*dienen zur Verarbeitung von Ängsten*
Sozial- und Regelspiele	*sich an Regeln halten können*
Aggressionsspiele	*wichtig zum Frustabbau, Stressabbau (Spiele mit viel Kraftaufwand)*
Freispiele	*Das Kind geht auf andere zu und/oder organisiert sein Spiel. Es erkundet, was es dazu braucht, wo und wie es das benötigte Material bekommen kann.*
Rollenspiele	*andere, spezifische Rollen annehmen, z.B.: Polizist, Verkäuferin, Feuerwehrmann*
Theaterspiele	*sich selbst darstellen und selbst erleben, andere darstellen (Empathieentwicklung siehe Rollenspiele), Fantasieanregung durch Erfinden von Theaterstücken, Auseinandersetzung mit Musik, Bewegungstraining*
Märchenspiele	*höchste Form des Erlebens, dient der Vorstellungs-Entwicklung und der Wortschatzerweiterung*

Erzieherinnen müssen spielendes Vorbild sein.

Gelebte Ordnung

Viele Erzieherinnen beschweren sich über die tägliche Unordnung, die Kinder „anrichten". Mit der Aufforderung „Räumt jetzt auf!" sind Kinder dann überfordert, wenn die entsprechenden Rahmenbedingungen für das Aufräumen fehlen. Zu notwendigen Rahmenbedingungen gehören eine strukturierte Raumordnung und klare Regeln. Kinder haben durchaus ein anderes Verständnis als Erwachsene davon, wie ein aufgeräumter Raum aussieht. Bei meinen (Ute Bendt) Söhnen hieß „aufgeräumt": Der Fußboden ist leer. Setzen Sie sich gemeinsam mit Kindern mit dem Begriff „Aufräumen" auseinander. Treffen Sie klare Aussagen, wie z.B.: „Thomas, bring bitte das Buch zurück ins Bücherregal!" oder „Nina, heb bitte die Schere auf!" oder „Paul, bitte feg' die Papierschnipsel zusammen."

Die Schönheit der Ordnung

Ordnung hat auch mit ästhetischem Empfinden zu tun. Sie können Kindern die Schönheit der Ordnung nahebringen, wenn Sie deren ästhetisches Empfinden ansprechen.

Was sich bewährt hat, sind sowohl thematische als auch farbliche Ordnungssysteme. Wenn Sie z.B. eine Schale haben, in der sich ausschließlich Knöpfe befinden, werden Kinder in diese Schale keinen Bleistift legen. Denn das stört deren wahrgenommene Ordnung („Das gehört da nicht hin!"). Sortieren Sie Stifte nach Farben und stellen Sie diese in jeweils dafür vorgesehene Becher! Sie werden feststellen, dass Kinder nach einer kurzen Umgewöhnungszeit ihre benutzten Stifte immer wieder sorgfältig in den entsprechenden Becher zurückstellen: gelb zu gelb, grün zu grün usw. Kinder, die dafür etwas länger benötigen oder nicht gleich darauf achten, werden häufig von anderen Kindern darauf hingewiesen. Ein solches Ordnungssystem ist nicht nur sinnvoll und für Kinder leicht zu verstehen, es ist auch schön anzusehen. Kinder haben einen Ordnungssinn, wenn die Ordnung einen Sinn ergibt.

Aufräumen kann Spaß machen

Machen Sie das Aufräumen zum Erlebnis: Die Kinder tragen alles, was herumliegt, auf dem Teppich in der Mitte des Raumes zusammen. Anschließend setzen sich alle um den Haufen herum. Nun fragen Sie die Kinder: Wer weiß, wo die Eisenbahn ihren Platz hat? Wer es zuerst weiß, nimmt die Eisenbahn und stellt sie an ihren Platz. Was glauben Sie, wie schnell und mit wie viel Freude und Engagement die Kinder Ordnung schaffen? Voraussetzung dafür ist, dass die Kinder wissen, wo jedes Teil seinen Platz hat (Regeln). Vor allem das Recht auf Bildung kommt hier klar zum Tragen: Förderung der kindlichen Entwicklung durch sprachliche Auseinandersetzung, Herausforderungen für das Raum-Lage-Verständnis, motorische Übungen, Koordinationsübungen, Entwicklung des Sozialverhaltens (sich gegenseitig bei der Suche helfen).

Ordnungsanspruch der Erzieherin

Hinterfragen Sie, inwiefern Ihr eigener Anspruch auf Ordnung dem Spielverhalten der Kinder entgegenwirkt. Wenn Kinder z.B. nur eine halbe Stunde Zeit haben, eine Burg aufzubauen und anschließend ihr Spielfeld wieder aufräumen müssen, ist die Frustration über die geforderte Zerstörung des Geschaffenen vorprogrammiert. Nicht nur, dass die Kinder ihr Bauwerk wieder kaputt machen müssen, sie können so auch ihr Spielthema nicht befriedigend ausschöpfen. Am nächsten Tag müssen sie wieder von vorn anfangen. Die pädagogische Konsequenz aus dieser Erkenntnis kann sein: Verändern Sie Ihre Raumgestaltung so, dass Kinder Dinge, an denen sie arbeiten, auch stehen lassen können, um am nächsten Tag weiterzuarbeiten.

Schaffen Sie für Kinder nachvollziehbare Ordnungssysteme.

(Auch die meisten Künstler wären weniger kreativ und inspiriert, wenn sie jeden Tag ihr Atelier aufräumen, die Staffelei abbauen und ihre Entwürfe zusammenrollen müssten.) Konkrete Anregungen sind der Einsatz von Podesten, niedrige Arbeitsplatten auf Rollen mit einer Mindestfläche von 1m oder Ablagesysteme für Zeichnungen. Funktionsräume haben in diesem Zusammenhang eine große Bedeutung. Die Gefahr bei Funktionsräumen besteht allerdings darin, dass immer dieselben Kinder diese Räume und ihre Möglichkeiten nutzen. Die Aufgabe der Erzieherin ist es dann, durch Beobachtungen herauszufinden, warum andere Kinder diese Räume meiden. Daraus leitet sie ab, wie sie diesen Kindern die Auseinandersetzung mit den Möglichkeiten des jeweiligen Raumes zugänglich machen kann, damit sie vielfältige Erfahrungen sammeln und sich ganzheitlich entwickeln können.

Auch hier hat alles seinen Platz – und für die Kinder wird das Aufräumen zum Spiel.

Vorbildwirkung der Erzieherin

Die vorgelebte Ordnung der Erzieherin ist oft mangelhaft. Häufig gibt es in den Gruppenräumen keine strukturierten Arbeitsplätze, sondern überladene Regale. Diese Regale teilen sich Kinder und Erzieherin manchmal, ohne dass erkennbar ist, welches Fach wem gehört und welche Funktion es hat. Da Gruppenräume sowohl von Kindern als auch von Erzieherinnen genutzt werden, ist es notwendig, beiden Personengruppen gerecht zu werden.

Zwar ein offenes Regal, aber zu viele Spiele und keine erkennbare Struktur.

Wir empfehlen Ihnen, die Aufbewahrungssysteme für Kinder von Ihren eigenen zu trennen. Für die Arbeit von Erzieherinnen eignen sich offene Hängeregale. Diese nehmen den Kindern keinen Platz in ihrer üblichen Spielhöhe weg, und sie zwingen die Erzieherin, die Regale ordentlich zu halten (keine leeren Kassettenhüllen, Kerzenstummel oder liegen gebliebene Haarspangen) und ihre Materialien auf das Notwendige zu beschränken. Das hat neben der guten optischen Wirkung auch den Vorteil, dass Sie benötigte Materialien schnell finden.
In geschlossenen Schränken fällt Unordnung nicht auf und schleicht sich demzufolge schnell ein. Wenn es sowohl für Kinder (für sie natürlich in Kinderaugenhöhe) als auch für Erwachsene offene Regalsysteme in einem Raum gibt, ist sofort sichtbar, dass in diesem Raum Kinder und Erwachsene den Tag miteinander verbringen.

Fundsachen

Gibt es eine Kita, in der keine Sachen liegen bleiben? Dinge, die sich zum Feierabend ansammeln und von denen niemand sicher weiß, wem sie gehören?
Für Fundsachen empfiehlt sich im Garderobenbereich eine beschriftete Box mit einer klaren Regelaufstellung. Sachen, die nach einem konkreten Zeitraum (max. 4 Wochen) ihre Besitzer nicht wieder gefunden haben, werden entweder auf dem Flohmarkt angeboten, an Kleiderkammern weitergegeben oder im schlechtesten Fall entsorgt.

Aus den Augen, aus dem Sinn

Was Kinder nicht sehen können, inspiriert sie nicht. Zitat einer Erzieherin: „Die Kinder (Alter 2–3 Jahre) wissen, an welche Schubladen sie gehen dürfen und was in welchem Schrank ist. Ich hab es ihnen gezeigt."
Kinder brauchen offene Regale und Körbe oder transparente Boxen zur Aufbewahrung. So wissen sie nicht nur, wo sie was finden können – sie wissen ebenso, wo die Dinge beim Aufräumen ihren Platz haben. Regale sollten nach Funktionen definiert und sortiert sein. Also kein „Buch-Puzzle-Musikinstrumente-Regal", sondern ein Regal für Bücher, eine Aufbewahrungsmöglichkeit für Musikinstrumente und eine andere für Brettspiele inkl. Puzzle. Die gewählten Aufbewahrungen sollten sich immer in der Nähe der Funktionsbereiche befinden. Das Kreativmaterialregal ergibt nur in der Nähe der Staffelei, Arbeitsplatte oder Malwand einen Sinn. Ebenso sollten Baumaterialkörbe im Baubereich zu finden sein. Es ist nicht notwendig, alle Materialien zu jeder Zeit anzubieten, sondern entsprechend der von Ihnen wahrgenommenen Spielthemen der Kinder. Die erfolgreiche Umsetzung in die Praxis bedarf einer gruppenübergreifenden Zusammenarbeit im Team. Nur so können Sie flexibel in der Raumgestaltung reagieren und ein Tauschprinzip aufbauen. Ansonsten würden Sie pro Gruppe einen großen Lagerraum benötigen.

Auf dem mittleren und unteren Bord ist die klare Struktur des oberen wieder verloren gegangen.

Aufgaben der Erzieherin

Eine Erzieherin ist Begleiterin der Kinder, Lernende, Anwältin der Kinder. Aus dieser Rolle heraus ergeben sich in Bezug auf die Raumgestaltung in Innen- und Außenräumen klare Aufgaben der Erzieherin, die wir hier noch einmal zusammenfassen:

- Beobachten Sie das kindliche Spiel im Gruppenraum und im Außenbereich und ziehen Sie entsprechende **Rückschlüsse** auf die Raumgestaltung. Begeben Sie sich dabei auf Augenhöhe der Kinder.
- Setzen Sie sich mit den Rechten der Kinder auseinander und überprüfen Sie die Berücksichtigung der **Kinderrechte** innerhalb der Raumgestaltung. Informieren Sie Kinder und Eltern über geplante Veränderungen und beziehen Sie sie aktiv ein.
- Hinterfragen Sie die Raumgestaltung auf die möglichen **Sinneserfahrungen**, die ein Kind machen kann. Beachten Sie, dass Bewegung der Motor der kindlichen Entwicklung ist. Vermeiden Sie eine Reizüberflutung. Verwenden Sie z.B. natürliche Düfte wie Orangenschalen anstelle von Duftölen.
- Gestalten Sie Räume für Kinder immer im **unteren Drittel der Raumhöhe**.
- Achten Sie auf **Farbwirkungen**. Erstellen Sie ein stimmiges Farbkonzept.
- Achten Sie darauf, **Fußböden** nicht nur farblich anzupassen, sondern auch ein geeignetes Material zu wählen. Zum Spiel mit Wasser zum Moddern etc. bieten sich Fliesen, Laminat oder Linoleum als Untergrund an. Ein waschbarer Spielteppich erlaubt Ihnen z.B. die Raumsituation flexibel zu verändern.
- Hinterfragen Sie die Räume hinsichtlich des **Wohlfühlaspekts**. Welche Rückzugs-, Entspannungs- und Bewegungsmöglichkeiten gibt es? Wie kann das Kind seinen Gefühlen Ausdruck verleihen? Geben Sie den Kindern Raum und Zeit für ihre eigenen Erfahrungen.
- Überprüfen Sie das **Materialangebot**. Wie viel Spielzeug im Vergleich zu Spielmaterial gibt es in den Räumen? Merke: Sie benötigen nicht für jedes Kind eine Puppe oder ein Auto. Kinder kommen durch solch einen „Mangel" in Kontakt miteinander und müssen sich arrangieren. (Die Annahme, dass bei der Gleichung „Spielmenge = Kinderanzahl" die Kinder weniger Konflikte austragen, stimmt nicht, denn auch dann haben die Kinder zur gleichen Zeit das Bedürfnis, mit ein und derselben Puppe zu spielen – auch wenn fünf andere Puppen ungenutzt herumliegen.)

Nehmen Sie sich die Zeit zum Beobachten, auch wenn es schwierig zu organisieren ist.

- Legen Sie mit den Kindern und Eltern **Materialsammlungen** an. Präsentieren Sie diese sichtbar, übersichtlich und ästhetisch in offenen Aufbewahrungssystemen (Körbe, transparente Boxen, offene Regale). Achten Sie darauf, dass die Materialien für die Kinder jederzeit zugänglich sind.
- Bieten Sie Materialien gleichberechtigt für **Rechts- und Linkshänder** an. Platzieren Sie beispielsweise Tassen immer mittig am Tisch.
- Strukturieren Sie den Raum. Denken Sie dabei nicht in „Ecken", sondern in **„Bereichen"** – sonst besteht die Gefahr, dass Sie nur die Ecken eines Raumes nutzen und bestimmte Bereiche außer Acht lassen.
- Begeben Sie sich auf die Suche nach **ungenutzten räumlichen Ressourcen**. Flure oder Zwischenräume werden zum Beispiel als räumliche Möglichkeit häufig nicht genutzt.
- Platzieren Sie Materialien und Einrichtungsgegenstände ihrer Funktion entsprechend. Beachten Sie das Prinzip der kurzen Wege. Aussagen wie: „Da war noch Platz" gelten nicht. Auch hier ein Vergleich: Sie würden auch nicht das Schuhputzzeug in den Kühlschrank legen, weil dort noch Platz frei ist. **Vermeiden Sie undefinierte „Mischregale"** (an einige Dinge dürfen die Kinder, an andere nicht …)
- Machen Sie das **Aufräumen** zu einer spielerischen und freudigen Erfahrung.
- Ermöglichen Sie den Kindern Ein- und Ausblicke als Orientierung innerhalb der Räume. Beachten Sie die große Bedeutung der **Fenster**. Türen mit Fenstern auf Kinderhöhe (Bullaugen) ermöglichen Kindern, sich einen Eindruck von einem Raum zu verschaffen, bevor sie hineingehen.
- Überprüfen Sie die Raumgestaltung hinsichtlich der **Lernthemen** der Kinder. Welche Möglichkeiten haben Kinder, als Forscher, Künstler, Entdecker selbst tätig zu sein? Welche Herausforderungen in Form der Auseinandersetzung mit Material und Werkzeug findet das Kind vor?

Es müssen nicht immer Tisch und Stühle sein!

- Beachten Sie, dass die Räume die Lebenswelt der Kinder widerspiegeln. Kinder möchten Spuren hinterlassen dürfen. **Interkulturelle Einflüsse** durch Familien müssen möglich sein.
- Stellen Sie in der Raumgestaltung den Bezug zur **realen Welt** her. Das Kind ist nicht zu klein für unsere Welt!
- Beachten Sie, dass Tische und Stühle in einem Raum viel Platz wegnehmen. Beobachten Sie, wie häufig Kinder **Tische und Stühle** brauchen. Überlegen Sie, ob Ihnen flexible oder alternative Möglichkeiten einfallen (klappbare Esstische, Kinderrestaurant für alle Gruppen)
- Präsentieren Sie **Kinderarbeiten wertschätzend**. Kinderzeichnungen haben nichts an einer Wäscheleine zu suchen. Stellen Sie die Zeichnungen in einem Bilderrahmen aus oder auf einem Passepartout, das sich farblich von der Wand abhebt. Zum Verständnis: Sie würden einen Kunstdruck oder eine künstlerische Arbeit im Wohnzimmer auch nicht an einer Wäscheleine anbringen. Kindern ist dieser Unterschied sehr wohl bewusst.

- Überprüfen Sie: Wo und wie finden sich die vier **Elemente** Feuer, Wasser, Erde, Luft in der Raumgestaltung wieder?
- Überprüfen Sie: Wo finden sich **Jungen und Mädchen** wieder?
- Beachten Sie bei allen angestrebten Veränderungen: Es geht um **Anregungsreichtum**, nicht um Reizüberflutung. Weniger ist mehr! Sie müssen nicht alle Bildungsbereiche und alle Sinne gleichzeitig, gleich intensiv bedienen, sondern entsprechend den aktuellen Themen der Kinder berücksichtigen. Reizüberflutung erfahren Kinder vorrangig über den Sehsinn. (zu bunt, zu viele Muster an Gardinen, Malunterlagen etc.)
- Beachten Sie Ihre **Vorbildwirkung**. Dazu zählen die Beachtung der eigenen Bedürfnisse (nicht nur Kinder brauchen ergonomisch angemessenes Mobiliar, auch die Erzieherin benötigt dies für ihren Arbeitsbereich), die gelebte Ordnung und die eigene spielerische Tätigkeit. Zu Ihren eigenen Bedürfnissen gehört auch eine gute Rückzugsmöglichkeit in der Pause, also ein Personalraum, in dem Sie sich wohlfühlen (auch für die Vor- und Nachbereitungszeit, für Elterngespräche, für Teamsitzungen)
- Hinterfragen Sie Ihre eigene **Spielfähigkeit und eigene Interessen**. (Spiele ich selbst mit oder schaue ich beim Spiel der Kinder ausschließlich zu? Welche Spiele mache ich selbst gern? Welche Spiele vermeide ich? Welche Spielformen finden sich vielleicht deshalb im Gruppenraum wieder, welche nicht? Welches Spielmaterial in welcher Menge finde ich vor? Wann und wie spielen die Kinder draußen? Bei welchen Witterungsbedingungen?)
- Überprüfen Sie die Transparenz des **pädagogischen Profils** in der Raumgestaltung. (Eine Natur-Kita hat nicht nur ein großes Außengelände, eine Reggio-orientierte Kita kennzeichnet sich nicht über die Menge der Spiegel.)
- Schaffen Sie in der Raumgestaltung hin und wieder eine **Herausforderung**, von der Sie denken, dass die Kinder dafür noch zu klein sind bzw. sie noch nicht meistern können. Die Erfahrung zeigt, dass Kinder immer wieder unterschätzt oder unterfordert werden. (Vor wenigen Tagen sahen wir Dreijährige, die ein schwieriges Puzzle zum Thema „Mein Körper“ eigenständig bewältigt haben.)
- **Raumgestaltung ist nie zu Ende.** Stellen Sie sich auf flexible Lösungen ein. Führen Sie regelmäßig den Perspektivwechsel und die Überprüfung des Materials auf die aktuelle Bedeutung für die Kinder und für sich selbst durch.

Hierher kommen Kinder gern.

Kapitel 3:

Spiel | buden | zauber

Weiterführende | Anregungen

Außenräume

Kräuterspiralen lassen sich einfach selbst anlegen.

Treppe? Rutsche? Wasserfall? Abwechslungsreiche Gestaltung ermöglicht vielfältige Spielanregungen.

Auch für die Gestaltung von Kita-Außenräumen haben wir einige grundlegende fachliche Empfehlungen für Sie. Fast jede Kita hat eine Außenanlage, und manchmal wird deren bewusste Gestaltung als Teil der pädagogischen Arbeit vernachlässigt. Rufen Sie sich die Definition des Begriffes Raum ins Gedächtnis – allein daran wird die Bedeutung von Außenräumen innerhalb der Raumgestaltung deutlich.

Prinzipiell gelten die gleichen Grundlagen wie bei der Gestaltung von Innenräumen. Im Vordergrund der Außengestaltung sollten die sinnlichen Naturerfahrungen stehen. Eine Wiese, die bewusst nicht gemäht wird, bietet den Kindern vielfältige Anregungen – von der Vielfalt der Pflanzen und Tiere über die verschiedenen Düfte bis hin zur Versteckmöglichkeit im hohen Gras.

Viele Herausforderungen für den Bewegungsapparat lassen sich sehr gut durch eine naturnahe Außengestaltung umsetzen. Ein **Kletterbaum**, **Kräuterspiralen** und **Weidentunnel** sind nur einige Beispiele. Hierzu gibt es u.a. bei den Unfallkassen Anregungen. Bei dem Erwerb und Aufbau von (teuren) Außenspielgeräten hinterfragen Sie bitte zuerst, ob die Kinder diese auch langfristig nutzen werden. Viele Außenspielgeräte sind schon nach wenigen Wochen für Kinder uninteressant, da es wenige Möglichkeiten für eine flexible Nutzung, für eine Veränderung, gibt. An einer Schaukel können Sie entsprechend dem jeweiligen Alter der Kinder **unterschiedliche Schaukelelemente** anbringen. Überprüfen Sie vor dem Aufbau von Spielgeräten auch den geplanten Standort. Wie verändern sich Licht und Schatten an diesem Platz? Wir haben wiederholt Edelstahlrutschen in Kitas vorgefunden, die im Sommer gesperrt werden, da sie sich auf Grund der Sonneneinstrahlung zu sehr aufheizen. Abhilfe kann hier das Pflanzen eines schnell wachsenden, Schatten spendenden Baumes schaffen.

Identifikation

Kindertagesstätten sind Kinderorte.
Wir finden es wichtig, dass dies bereits von außen (von weitem) sichtbar ist. Das zeigen Sie durch die bewusste Gestaltung des Außengeländes, das zum Verweilen und Entdecken einlädt. Die **selbstbewusste Präsentation** des Gebäudes, die dieses sofort als einen Ort für Kinder erkennbar macht, erreichen Sie mit einem **großformatigen Namensschild**, einem **großformatigen Logo**, einer **Schautafel** oder der **farblichen Gestaltung der Fassade**. Eine grau verputzte Fassade wirkt nicht einladend und weckt eher unangenehme Assoziationen (Ämter, öffentliche Gebäude). Eine Kita wirkt von außen nicht nur auf vorbeikommende Besucher oder auf Eltern, sondern natürlich auf die Kinder, die dort täglich hineingehen. Sie können schon von weitem sehen: „Da ist meine schöne Kita, da bin ich immer!" Für Kinder ist es ein großer Schritt, sich aus dem vertrauten Elternhaus auf eine für sie fremde Umgebung einzulassen. Tragen Sie dem auch in einer offenen, einladenden Außengestaltung Rechnung, indem Sie den Kindern signalisieren: **Du bist hier herzlich willkommen!**
Auch Erzieherinnen betreten ein Gebäude, das schon von außen freundlich und einladend ist, selbstverständlich lieber als ein ödes Haus.

Die **Namenswahl** einer Kindereinrichtung ist eine wichtige Entscheidung. Es ist ein Unterschied, ob Sie dem Ort einen fantasievollen, wertschätzenden Namen, wie z.B. „Abenteuerland" oder „Regenbogenhaus" geben oder ob Sie verniedlichende oder gar degradierende Kinderbezeichnungen in den Titel mit einfließen lassen, wie z.B. „Zwergenland", „Kleine Klugschieter" o.ä.

Sie ahnen, auch hier geht es wieder um die Achtung gegenüber dem Kind. **Kinder sind keine Zwerge, Mäuse, Hosenschieter.** Sie sind ernst zu nehmende Menschen und verdienen für ihren Weg ins Leben den nötigen Respekt.

Immer wieder sind uns Einrichtungen begegnet, die auf den ersten Blick von außen nicht vermuten ließen, dass hier ein Ort für Kinder ist. Die Außenfassade war trist und düster, kein Schild wies auf diesen Ort, und auch in der Gestaltung des Geländes ließ nichts erahnen, dass hier zu bestimmten Tageszeiten Kinder das Gelände erobern.

Ein sehr gelungenes Beispiel hat eine Greifswalder Kita umgesetzt. Hier gibt es zwei Eingangstüren. Eine kleine für die Kinder und eine große für die Erwachsenen. Das heißt, Achtung gegenüber dem Kind zu haben.

Eine große Tür für die Großen, eine kleine für die Kleinen – trotz der etwas tristen Fassade eine schöne Idee.

Ein solches Eingangsportal zeigt: Hier bist du willkommen.

Mein Wunschraum

Entwerfen Sie einen Grundriss des Raumes/der Räume, die Sie verändern bzw. neu gestalten möchten. Kopieren Sie ihn entsprechend der Kinderanzahl, eine Kopie bekommen Sie selbst. Alternativ können Sie auch das Arbeitsblatt auf S. 114 vergrößert kopieren. Lassen Sie die Kinder den Grundriss gestalten. Zeichnen Sie selbst alles so ein, wie Sie es sich wünschen. Befreien Sie sich dabei gedanklich von allen finanziellen Zwängen, und stellen Sie sich vor, dass Sie keinerlei Vorgaben hätten. Lassen Sie Ihrer Fantasie freien Lauf! Es geht nicht darum, Ihren Entwurf hundertprozentig in die Realität umzusetzen. Es geht um eine **bewusste Auseinandersetzung mit den Möglichkeiten und Grenzen des Raumes**. Es entstehen auf diese Art und Weise häufig vorher ungeahnte Ideen. Außerdem macht es (Kindern wie Erwachsenen) Spaß, sich einmal uneingeschränkt „auszuspinnen“. Hängen Sie alle Entwürfe sichtbar im Raum auf. Unterhalten Sie sich mit den Kindern darüber. Erklären Sie, was man von ihren Wünschen umsetzen kann und was nicht. Begründen Sie diese Aussagen, und finden Sie, wenn möglich, Kompromisse. Je klarer Sie ihr gemeinsames Ziel (einen neuen „tollen“ Raum) vor Augen haben, desto motivierter machen Sie sich auf den Weg. Gleichzeitig setzen Sie das Recht der Kinder auf Mitsprache und Gehör hier konkret um.

Internationale Inspirationen

Immer wieder fließen in die Raumgestaltung pädagogischer Einrichtungen Einflüsse aus der ganzen Welt ein. Eine Erzieherin hat z.B. ein Fachbuch über die Reggio-Pädagogik gelesen, eine andere berichtet von ihren Urlaubseindrücken aus Holland, oder Kolleginnen erzählen in einer Teamsitzung von ihrer Studienreise.

Kuschelecke mit Ich-Foto-Büchern aus Schweden

Es ist immer gut, über den eigenen Tellerrand zu sehen! Wichtig ist, dass Sie Ihre Eindrücke nicht unreflektiert übernehmen, und dass sie nicht automatisch für ein Land oder für einen reformpädagogischen Ansatz verallgemeinert werden. Überall gibt es gelungene und weniger gelungene Einrichtungen. Allgemein bekannt ist der bewusste Einsatz von Spiegeln in der Reggio-Pädagogik, aber ein Spiegel macht noch keine Reggio-Kita. Wenn z.B, wie von uns gesehen, der Spiegel hinter der Tür angebracht ist, wo ein Kind nie hinkommt, da die Tür ganztägig offensteht, nutzt der schönste Spiegel nichts. Auch hier hilft die Frage nach dem Sinn, ihn richtig zu platzieren.

Während verschiedener Studienreisen konnten auch wir Eindrücke in anderen Ländern sammeln und nach Inspirationen schauen. Reisen nach Reggio-Emilia im Jahr 2006, nach Israel im Jahr 2007, nach Südschweden im Jahr 2008 und nach Norwegen im Jahr 2009 gaben uns einen Einblick in Kitas anderer Länder.

Was deutlich wurde, ist, dass bestimmte wiederkehrende Elemente (z.B. in Reggio-Kitas) jeweils sehr unterschiedlich umgesetzt wurden. In Südschweden gibt es richtungweisende Einrichtungen sowohl hinsichtlich der Raumgestaltung als auch bezüglich der pädagogischen Arbeit (z.B. durch den Einsatz des Portfolios). Es begegneten uns aber auch Kitas, die so reizüberladen waren, dass wir viele deutsche Kitas benennen könnten, die dem Anspruch an eine professionelle Raumgestaltung im Sinne der Kinder viel gerechter werden.

Was ist uns in den besichtigten Kitas im Ausland aufgefallen und positiv in Erinnerung geblieben?

Kitas in Reggio Emilia

- so gut wie kein fertiges Spielzeug, sehr viele strukturierte Materialsammlungen
- farbliche Anordnung in den Ateliers
- großformatige Dokumentationen im Mittelpunkt der Wandgestaltung über die kindliche Tätigkeit, professionell umgesetzt (teilweise Fahnen im Format 1 m x 3 m in Zusammenarbeit mit Druckereien)
- Nestchen als konsequentes Schlafplatzangebot
- großzügige Räume mit wenig Mobiliar, Fensterfronten zum Flur und nach draußen
- alte Gebrauchsgegenstände wie Buffets und Waagen
- bewusster Einsatz von Lichtinstallationen
- Nutzung der Flure als Räume, z.B. durch sinnvoll platzierte, gemütliche Lesebereiche
- ästhetische Ordnung im gesamten Gebäude

Kita in Israel

- Wasserspender (Wasserspeier) im Flur
- Kinderbibliothek für Schul- und Kindergartenkinder mit großzügigem Computerbereich
- Visualisierung von Regeln durch Piktogramme
- transparente Müllbehälter wegen der Bombengefahr (Das ist eine eher erschreckende als positive Erinnerung. Aber so schlimm es ist, entspricht es hier einer sinnvollen Raumgestaltung.)

Transparenter Müllbehälter in einer Kita in Israel

Visualisierung durch Piktogramme

Kitas in Südschweden

- Jede Einrichtung besaß einen Trockenschrank für feucht gewordene Kleidungsstücke, der täglich in Betrieb war
- lärmschluckende Raumgestaltung
- Kinder liefen barfuß
- keine Bettwäsche oder Schlafanzüge für die Mittagsschlafsituation
- in der Regel waren die Kitas ebenerdig, und jeder Gruppenraum besaß neben einer eigenen Garberobe einen eigenen Ausgang ins Freie
- großzügige Flure inkl. großer Bewegungsbereiche
- in jedem Gruppenraum ein Computer für die Erzieherin
- im Flur Computer für die Eltern
- Videobeamer und Großleinwände für Elternabende
- Visualisierung von Regeln durch Piktogramme
- Beschriftung von Raumbegriffen wie Tür, Fenster und Tisch
- wenige Toiletten, diese in Einheitshöhe mit einem Podest für die kleineren Kinder
- die als beste Bibliothek Schwedens ausgezeichnete Schulbibliothek

Zwei Wahrnehmungen möchten wir näher erläutern. Die lärmschluckende Raumgestaltung fiel uns zuerst in Form von Tennisbällen an den Stuhlbeinen auf. Die erste Vermutung war, dass die Erzieherinnen keine Kratzspuren auf dem Fußboden haben wollten und deshalb diese kostengünstige Variante wählten. Als wir jedoch in der nächsten Kita ebenfalls auf die Tennisbälle trafen, fragten wir nach und erhielten die Antwort, dass diese zur Reduzierung des Lärmpegels angebracht worden waren. In einer anderen Kita hatten die Erzieherinnen Tische mit lärmschluckender Oberfläche angeschafft. Es handelte sich nicht um eine besondere Integrations-Kita – es lag im Interesse aller Kinder und Erzieherinnen, weniger Lärm aushalten zu müssen.

Trockenschrank für feucht gewordene Kleidung

Als wir die ersten Kinder bei unserem Besuch im September barfuß durch die Räume laufen sahen, gingen wir unwillkürlich in die Hocke und überprüften die Räume auf eine Fußbodenheizung. Fehlanzeige! Als wir Erzieherinnen und Lehrerinnen (denn in den besichtigten Schulen liefen die Kinder ebenfalls barfuß) darauf ansprachen, schmunzelten diese und sagten: „Ja, bis vor zehn Jahren haben wir uns auch immer den Stress mit den Hausschuhen gemacht. Was für ein Aufwand! Entweder waren die Hausschuhe unauffindbar, lagen als Stolperfalle in den Fluren oder waren zu klein oder gar kaputt. Seit wir uns dagegen entschieden haben, haben wir mehr Zeit für einander, weniger Stress, und die befürchteten gehäuften Erkältungen blieben ebenfalls aus – ganz im Gegenteil." Auch die Entscheidung, beim Mittagsschlaf auf Schlafanzüge und persönliche Matten zu verzichten, begründeten die Erzieherinnen mit einer Entscheidung im Interesse der Kinder. Je nach Jahreszeit ziehen sich die Kinder bis zur Unterwäsche oder zum T-Shirt aus, suchen sich eine Matte oder eine Couch, wählen aus der Deckensammlung eine Kuscheldecke und ruhen sich mittags aus. Die Erzieherinnen hätten so eine Stunde pro Tag mehr Zeit, um die Kinder in Ruhe auf den Mittagsschlaf einzustimmen und anschließend zu den Nachmittagsaktivitäten zu wechseln. Das ist nachvollziehbar, wenn man sich die Alltags-Situation mit sechs Krippenkindern oder 18 Kindergartenkindern vorstellt, die sich alle mit oder ohne Hilfe umziehen, deren Betten teilweise aufgebaut werden müssen – und nach der Mittagsruhe folgt das ganze Prozedere umgekehrt.

Ausgezeichnet: Die beste Bibliothek Schwedens.

Schlucken jede Menge Lärm: Tennisbälle an den Stuhlbeinen

Bewusst uneben gestaltetes Außengelände

Kita in Norwegen

- Wasserspender (Wasserspeier) im Flur
- umfangreiche Kinderbibliothek
- Beschriftung der Sitzplätze mit Namen
- Waschrinne anstelle eines Waschbeckens
- Matten zum Schlafen
- wenig Spielzeug
- barrierefreie Raumgestaltung
- teilweise unebene Außengestaltung (bewusst verändert)

Was uns fasziniert hat, war die selbstverständlich-natürliche Herangehensweise der Erzieherinnen, mit der sie Raumlösungen für alle Kinder und Erzieherinnen gesucht haben. Daraus sprach das Vertrauen in die kindlichen Kompetenzen. Die Umsetzungen waren so einleuchtend kindorientiert und verblüffend simpel umzusetzen. Wie schwer tun wir uns dagegen oft in Deutschland.

Umfangreiche Kinderbibliothek

Gelungene Raumbeispiele

In den letzten zehn Jahren haben wir viele pädagogische Einrichtungen von innen und außen gesehen. Als Anregung für Ihre Raumgestaltung bilden wir hier besonders gelungene Raumlösungen ab. Vielleicht sehen Sie Dinge, die Sie zu konkreten Veränderungen inspirieren – oder dazu, eigene neue Wege zu gehen.

Fußfühlstrecke im Flurbereich (Holzkisten wurden mit verschiedenen Materialien befüllt, damit Kinder barfuß durch diese laufen können)

Großzügiger Flur lädt zu vielfältigen Bewegungen ein

Podest ermöglicht Kindern, Gebautes stehen zu lassen oder es als Bühne nutzen zu können

Gestaltung der Wand im Essbereich mit unbehandeltem Holz und weiteren Naturmaterialien holt Natur in die Kita

Individuelle Rahmung der Kinderzeichnungen durch Anbringen auf Holz – besondere Wertschätzung der kindlichen Arbeiten

Die von Eltern selbstgebaute Wasserstrecke ermöglicht den Kindern Sinneserfahrungen mit dem Element Wasser.

Die Kinder haben selbst Regeln aufgestellt und als Piktogramm dargestellt: Beeren erst essen, wenn sie reif sind!

Die großen handlichen Sanduhren ermöglichen Kindern, Zeitdauer zu erfahren und Zeitregeln aufzustellen.

Jedes Kind hat seine Lebenskette – an jedem Geburtstag fädelt es eine neue Perle für das neue Lebensjahr auf.

Grünes Männchen: „Raum ist frei!", rotes Männchen: „Bitte nicht eintreten!"

Von Kinderhand bemalte Steine eignen sich sehr gut als Türstopper.

Materialsammlungen in transparenten Kisten und Gläsern regen Kinder zum kreativen Gestalten an.

Große, leere Kartons haben für Kinder einen hohen Spielwert (Versteckmöglichkeit, Fantasiespiele etc.).

Eine Arbeitsplatte im Gruppenraum unterstützt Kinder dabei, im Stehen zu malen (kinästhetischer Sinn).

Nur die Kinder, die einen Platz für ihre Schuhe auf den aufgeklebten Füßen gefunden haben, dürfen allein in den Bewegungsraum.

Kinderräume

Ein Gedicht für Kinder und Erwachsene

von Ute Bendt

Wenn ein Kind den Raum betritt, will es was entdecken,
Will erforschen, toben, spielen oder sich verstecken.
Und so schaut es in die Runde – was gibt es zu sehen?
Weckt die Neugier seinen Geist, oder möcht' es gehen?

In so manchen Raum konnt' das Kind nicht schauen,
Weil vom Tisch die Beine ihm den Weg verbauen.
Hat denn kein Erwachsener sich die Müh' gemacht
Und bei der Raumgestaltung auch an das Kind gedacht?

Uhren und Bilder hängen so hoch, die kann es gar nicht sehen.
Oder müsste es doch glatt auf einem Stuhle stehen!
Darf es das? Muss es fragen? Ist es hier erlaubt?
Wenn nicht, dann wird es – wie so oft – mancher Erfahrung beraubt.

Kinder brauchen sehr viel Platz, wollen hoch hinaus,
Und manchmal schlüpfen sie ganz leise in ein Schneckenhaus.
Kinder bauen, kleben, malen,
Lernen so ganz nebenbei auch die Welt der Zahlen.

Nicht jedes Kind mag reden, zeichnen oder singen.
Doch sie sprechen auch mit uns, wenn sie „nur so" springen.
Wichtig ist das Eine: Könn'n wir sie verstehen?
Das ganz Besondere, das sie sind, mit liebevollen Augen sehen?

Und dann gibt es Kinder, die sich gar nicht trauen,
Würden lieber erst einmal aus der Höhle schauen.
Wollen aus der Ferne sehen, nur Betrachter sein.
Wird es spannend, na mal sehen, dann reihen sie sich ein.

Und so ist die große Frage: Kann das Kind entdecken?
Kann es spielen, klettern, bauen oder sich verstecken?
Hat es wirklich das Gefühl, hier geht es mir gut,
Gibt es Trost bei Kummer, kann es träumen und kriegt Mut?

Fragen wir die Kinder, und wir werden staunen,
Wie anders wär'n die Räume, würden sie sie bauen.
Lasst uns in die Hocke gehen
Und mit Kinderaugen sehen.

Dann werden wir die Welt ganz neu erfahr'n und spüren
Und dann – versprochen – öffnen sich
Geheimnisvolle Türen.

Schlussgedanken

Wir hoffen, dass Sie an dieser Stelle des Buches voll Ideen und Tatendrang sind. Vielleicht haben Sie vieles von dem, was wir Ihnen vorschlagen, auf Ihre eigene Weise schon umgesetzt. Vielleicht haben Sie beim Lesen aber auch gemerkt, dass sich in Ihrer Einrichtung einiges verändern sollte. Haben Sie Mut! Legen Sie los! Begeistern Sie Ihr gesamtes Team, die Kinder und Eltern für notwendige Veränderungen, und starten Sie in eine neue Ära. Das Schöne ist: In der Raumgestaltung ist alles erlaubt, wenn es fachlich begründet werden kann und im Interesse der Kinder ist. Möglicherweise fallen Ihnen Raumlösungen ein, die es nirgendwo anders gibt und die Ihre Kita einzigartig machen.

Auch Sie als Erzieherin kommen wesentlich freud- und lustvoller in eine Kita, deren Räume gut gestaltet sind. Das betrifft natürlich auch die Räume, die nur für Sie gedacht sind, wie den Personalraum. Dorthin sollten Sie sich gern zurückziehen. Eine Erzieherin, die sich in den Räumen, in denen sie ihren gesamten Arbeitstag verbringt, gern aufhält, leistet auch bessere pädagogische Arbeit. Die Bedeutung der Raumgestaltung in Kindereinrichtungen ist nicht hoch genug einzuschätzen. Sie ist nicht alles, aber sie ist viel. Denn ein Raum wirkt die ganze Zeit. Genauso wie Sie.

Wenn Sie spüren, dass Kinder sich ihren Raum zu Eigen machen, wenn sie alles tun, was ein Kind tun möchte, wie: toben, sich ausruhen, lesen, basteln, staunen, aus dem Fenster sehen, träumen, kuscheln, malen, reden, schweigen, singen – wenn Sie spüren, dass die Kinder gern dort sind – **dann haben Sie alles richtig gemacht.**

Was kennzeichnet einen Raum?

Aufgabe: Schreiben Sie alles, was für Sie – ganz allgemein – einen Raum kennzeichnet, in diese Raumzeichnung hinein.

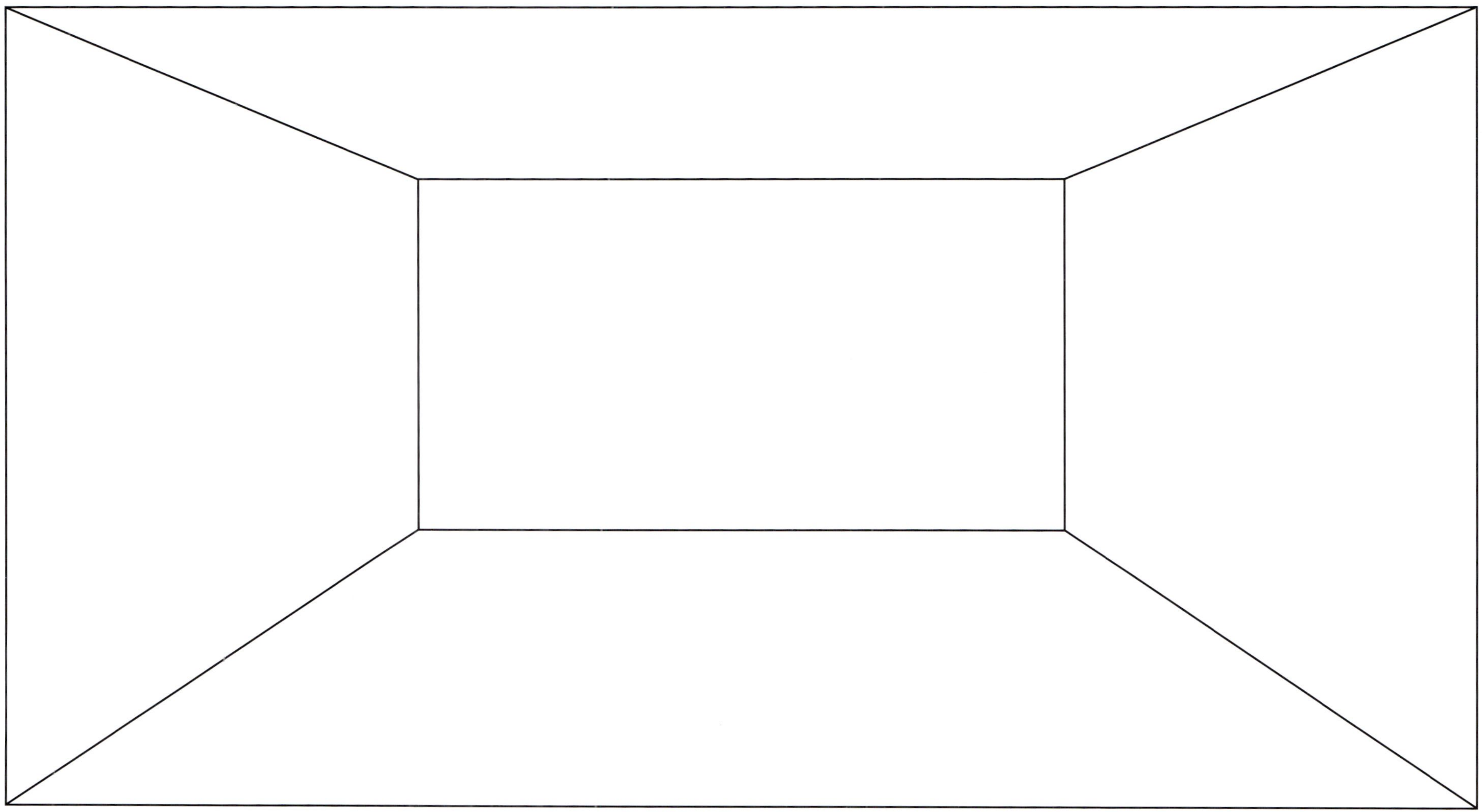

Mein Wunschraum

Name: ______________________ Altersgruppe: ______________________

Legende:

Raum-ABC

A	N
B	O
C	P
D	Q
E	R
F	S
G	T
H	U
I	V
J	W
K	X
L	Y
M	Z

Raum-ABC – Antworten von Erzieherinnen

A – *Aufmerksamkeit, Arbeit, Aquarium, Anerkennung, Ausgang, Aufteilung, Aushänge, Arbeitsplatte, Ausstellung, Ankommen;*

B – *bauen, blumig, Bildung, Bilder, bunt, Bemerkung, Bäder, Besuch, Bett, Beobachtung, Buch;*

C – *Computer, Chaos, Couch, Charakter, Checkliste, CD, Charme, Chancen, Christbaumschmuck, Collage, Comics;*

D – *Decke, Drachen, Dummheiten, Dokumentation, Drucken, Diaprojektor, Deko, Denken, Dielen, Dosen;*

E – *Erde, entdecken, Ende, Elemente, Erfahrung, Ecken, Esstisch, Einblicke, Essen, Ebenen, Eltern, Erzieherin, Eingang, Experimente;*

F – *Fußboden, Fenster, faul, Fahne, frech, Foto, feiern, fernsehen, Filme, Fingerpuppe, Flur, Fliesen, Fächer, Feinmotorik;*

G – *Garten, gut, Gummi, Gameboy, Geschichte, Geduld, gucken, Geschirr, Gardine, Geschmack, Gestaltung, Gedecke, Gruppe, Garderobe, Grobmotorik;*

H – *hoch, Hochsitz, holen, Hohlraum, Heizung, Haare, Hammer, hocken, Holz, Hälfte, Hilfe, Hort, harmonisch, Höhle, hell, Hollywood-Schaukel;*

I – *Ideen, Interesse, integrativ, innen, Ideal, Irrtümer, Insel, Industrie, Information, Inventar, Isolation, Instrumente, Illustrierte;*

J – *Jahreszeiten, Jalousien, Jahrmarkt, ja, Jahr, Jungen, Jacken, Jugendzimmer;*

K – *Klima, Kinder, kaspern, Konkurrenz, Kritik, kaputt, konstruieren, Kampf, kreativ, Kamin, Kommunikation, Krippe, Küche, Kissen, Kisten, Kunst, klein;*

L – *Luft, liebevoll, lachen, lustig, lahm, Luftballons, lächeln, langsam, Laminiergerät, Licht, Laminat, Lesebereich;*

M – *Motivation, Medien, malen, machbar, Mischung, Mund, messen, Möbel, Musik, Mitte, Müll, Mut, Mitsprüche, Mädchen, Matratzen;*

N – *Neu, neutral, nichts, natürlich, Nischen, Nachttisch, nutzen, nebeneinander, nackt, Nicht-Raum, niedrig, Name, Nägel;*

O – *Offen, Overheadprojektor, ordentlich, oben, optimal, Optik, Ordnung, Oberlicht;*

P – *Perfekt, praktisch, Planung, Profil, puzzeln, prickeln, Puppen, Podest, Portfolios, Pflanzen, Protest, Pause, Platz, Parkett;*

Q – *Qualvoll, Quellen, quadratisch, Quadratmeter, Quatsch, quer, Quirl, Qualität, Quast;*

R – *Räumlich, raufen, Rangordnung, Ruhe, Regeln, rennen, Rücksicht, Reaktion, Rückblick, Risiken, Reifen, Rahmen, Radio, Regal, rund, Rutsche, Rollos;*

S – *Sichtweise, Sauberkeit, Satzung, schlafen, Sicherheit, Spiel, Spannung, Spaß, Stimmung, Spiegel, Stuhl, Schubladen, Stifte;*

T – *Trampolin, Traum, Theater, Thema, tanzen, turnen, Tipp, Team, Tasten, Teppich, Tasse, Tafel, Tisch, Temperament, tun, Tapete, Treppen;*

U – *Ulkig, unten, Unruhe, unfertig, unkreativ, unmöglich, Unterschiede, Unfall, Uhr, Umbau, Utensilien, Übung, Umhang, Ungestaltung;*

V – *Vision, Videokamera, Veranda, voll, Vordach, verstecken, Veränderung, Vorhänge, vielseitig, Vasen, Verantwortung, verpacken;*

W – *Wiese, wiederholen, Widerspiegelung, warum, wohlig, Wissen, wohlfühlen, Waage, Wunsch, Wand, Waschbecken, Wagen, Wechsel, Wasser, Wandgestaltung, Werkstatt;*

X – *XXL, Xylophon, X-beliebig, XY-ungelöst;*

Y – *Yin Yang, Yoga, Yellow, Y-Tong, Yacht;*

Z – *Zimmer, zentral, Zylinder, zumutbar, Zeugnis, Zustand, Ziel, Zeit, Zugluft, zurückziehen, Zweck, Zuhause, Zelle, Zauber, zu klein, zerstören, Zeitung, Zeichnung, Zahl, Zettel, zickig, Zahn, Zensur, Zahnputzbecher, Zeit, Zuwendung.*

Über die Autorinnen

Ute Bendt arbeitet als selbstständige Dozentin und Fachberaterin für Erzieher/innen und Tagespflegepersonen. Sie war fünf Jahre lang Leiterin einer Reggio-Kindertagesstätte, bevor sie sich für die hauptberufliche Weiterbildung von Pädagoginnen entschied. Sie ist gemeinsam mit Frau Erler Veranstalterin des Fachkongresses für ErzieherInnen und Tagespflegepersonen in MV „Augen auf unsere Kinder" und diverser Fachtage für Tagespflegepersonen.
www.ute-bendt.de
ute.bendt@freenet.de

Claudia Erler ist Kommunikationswissenschaftlerin und arbeitet als freiberufliche Texterin, Lektorin und PR-Referentin in Berlin. Seit fünf Jahren bildet sie Pädagoginnen zu den Themen Kommunikation und Öffentlichkeitsarbeit weiter.
Sie ist gemeinsam mit Frau Bendt Veranstalterin des Fachkongresses für ErzieherInnen und Tagespflegepersonen in MV „Augen auf unsere Kinder" und diverser Fachtage für Tagespflegepersonen.
web.mac.com/claudia.erler
claudia.erler@mac.com

Außerdem verfassen beide Autorinnen Artikel für überregionale Fachzeitschriften und erarbeiteten gemeinsam Curricula für Qualifizierungsmaßnahmen von Kita-Leiterinnen.

Danksagung

Unser Dank gilt allen Verantwortlichen von Kindertagesstätten, die uns erlaubt haben, in ihren Einrichtungen zu fotografieren.
Das betrifft die Kindertagesstätten:

ASB-Kindertagesstätte „Freinet", Anklam

Evangelische Kindertagesstätte, Bad Sülze

Familie Bendt, Lubmin

Familie Miltzow, Greifswald

Familie Voigt, Rostock

Freie Schule Rügen, Dreschvitz

Hort „Altstadt", Bergen auf Rügen

Hort „Rugard", Bergen auf Rügen

Integrative Kindertagesstätte „Tierhäuschen", Rostock

Kinderhaus Wirbelwind e.V., Reinberg

Kinderhut® GmbH Kindergarten, Düsseldorf

Kindertagesstätte „Abenteuerland", Neu Boltenhagen

Kindertagesstätte „Blümchen am Wall", Neubrandenburg

Kindertagesstätte „Buddelflink", Mesekenhagen

Kindertagesstätte „Clara Zetkin", Bergen auf Rügen

Kindertagesstätte „Goedeke-Micheel-Hof", Bergen auf Rügen

Kindertagesstätte „Kleine Wiesenhüpfer", Patzig

Kindertagesstätte „Krup unner", Rostock

Kindertagesstätte „Küselwind", Glowe

Kindertagesstätte „Makarenko", Greifswald

Kindertagesstätte „Märchenwald", Klein Bünzow

Kindertagesstätte „Poeler Kükennest", Insel Poel

Kindertagesstätte „Regenbogenhaus", Bergen auf Rügen

Kindertagesstätte „Samuel Marschak", Greifswald

Kindertagesstätte „Schlaumeier", Bubkevitz

Kindertagesstätte „Sonnenblume", Sehlen

Kindertagesstätte „Spielkiste", Rostock

Kindertagesstätte „Wirbelwind", Neubrandenburg

Kindertagesstätte „Zaubersternchen", Rubenow

Kinderwerkstatt „Phantasilie", Bergen auf Rügen

Kneippkindergarten „Am Maulwurfshügel", Gera

Naturkindergarten „Eichhörnchen", Leuenberg

SOS-Kindertagesstätte „Hermann Gmeiner", Grimmen

Clausen, Anke-Usche/Riedel, Martin:
Methodisches Arbeitsbuch Band IV: Schöpferisches gestalten mit Farben mit der dazugehörigen Materialkunde.
Für alle Altersstufen.
Mellinger-Verlag, 1997.
ISBN 3-88069-024-3

Franz, Margit/Vollmert, Margit:
Raumgestaltung in der Kita.
Don bosco, 2005.
ISBN 3-7698-1530-0

Frieling, Heinrich:
Psychologische Raumgestaltung und Farbdynamik.
Musterschmidt Verlag, 1957.
ISBN 3-778-14027-5

Grigo, Endrik/Knecht, Gerhard/ Lusch, Bernhard:
Spiele und Spielgeräte selber machen.
Kallmeyer, 1999.
ISBN 3-7800-5813-8

Hermann, Gisela/Wunschel, Gerda:
Erfahrungsraum Kita.
Beltz, 2002.
ISBN 3-407-56164-4

Lipp-Peetz, Christine:
Wie sieht's denn hier aus?
Beltz, 2002.
ISBN 3-407-62420-4

Lange, Stadelmann, Udo Thomas:
Das Paradies ist nicht möbliert.
Cornelsen Verlag, 2007.
ISBN 3-589-25342-8

Köckenberger, Helmut:
Bewegungsräume.
Verlag Modernes lernen, 2007.
ISBN 3-86145-297-9

Mahlke, Wolfgang/Schwarte Norbert:
Raum für Kinder.
Beltz Verlag, 1997.
ISBN 3-407-62363-1

Österreicher, Herbert/Prokop, Edeltraut:
Kinder wollen draußen sein.
Kallmeyer, 2006.
ISBN 3-7800-5228-8

Pappler, Manfred/Witt, Reinhard:
NaturErlebnisRäume.
Kallmeyer, 2001.
ISBN 3-7800-52687

Pausenwang, Freya:
Dem Spiel Raum geben.
Cornelsen, 1997.
ISBN 3-464-49154-4

Reggio Children:
Schuh und Meter.
Beltz, 2002.
ISBN 3-589-25370-3

Schlund, Jochen/Meier, Rainer:
Der nichtbeachtete pädagogische Raum. Anregungen für die Praxis der Raumgestaltung.
Etlinger Verlag, 1986.

Schönrade, Silke:
Lebensort Kindergarten: Innenraumgestaltung für Kinder von 0 – 6 Jahren.
Verlag Modernes Lernen, 2009.
ISBN 978-3-938187-42-5

Schönrade, Silke:
Kinderräume – Kinderträume: … oder wie Raumgestaltung im Kindergarten sinnvoll ist.
Verlag Modernes Lernen, 2005.
ISBN 3-86145-181-6

Von der Beek, Angelika:
Bildungsräume für Kinder von Null bis Drei. Verlag Das Netz, 2006.
ISBN 3-937785-38-8

Von der Beek, Angelika/ Buck, Matthias/Rufenach, Annelie:
Kinderräume bilden.
Cornelsen Verlag, 2007.
ISBN 3-589-25254-5

Fachkongress

für ErzieherInnen und Tagespflegepersonen in Mecklenburg - Vorpommern

„Augen auf unsere Kinder“

Unter dem Titel **„Augen auf unsere Kinder“** veranstalten Ute Bendt und Claudia Erler einmal jährlich in Greifswald einen Fachkongress für Erzieher/innnen und Tagespflegepersonen.
Dieser Kongress ist deutschlandweit der einzige, der beide Berufsgruppen für einen Fachaustausch vereint.
Es gibt jeweils einen Themenschwerpunkt, zu dem die besten Fachkräfte aus Deutschland referieren.
Wichtige Themen rund um Betreuung, Bildung und Erziehung von Kindern werden aufgegriffen und diskutiert.
Besonderen Wert legen die Veranstalterinnen dabei auf entwicklungspsychologische Aspekte.
Im Anschluss an jedes Referat haben die Teilnehmer/innen die Möglichkeit, Fragen an die Dozent/innen zu stellen.
Die wichtigsten fachlichen Aussagen jedes Vortrages sind in einem Kongress-Skript zusammengefasst, das die Teilnehmer/innen vor Ort erwerben können.
Die Skripte aller Kongresse können Sie über die Website bestellen, auf der Sie natürlich auch viele weitere Informationen finden:

http://web.me.com/claudia.erler/iWeb/Augen_ auf_ unsere_ Kinder/Willkommen.html

Telefonische Auskunft erhalten Sie unter: **030 – 44 72 64 61**

Die Teilnahme am Fachkongress kostet **40.- Eur. und gilt als achtstündige Fortbildung.**

Verlag an der Ruhr

■ Aus bewährter Praxis die eigene Kita-Konzeption entwickeln
Eine Anleitung in acht Schritten
Ute Bendt, Claudia Erler
96 S., A4, Paperback, farbig
ISBN 978-3-8346-0412-5
Best.-Nr. 60412
19,50 € (D)/20,- € (A)/32,60 CHF

■ Spielen mit Kindern unter 3
Aktionstabletts, Versteckdosen und weitere Spiel- und Materialanregungen
Antje Bostelmann (Hrsg.), Klax gGmbH
1–3 J., 94 S., A4, Paperback, farbig
ISBN 978-3-8346-0603-7
Best.-Nr. 60603
19,80 € (D)/20,35 € (A)/33,10 CHF

■ Krippenarbeit live!
DVD, Buch und Arbeitsmaterialien zum Leben und Lernen mit Kindern unter 3
Antje Bostelmann (Hrsg.)
ISBN 978-3-8346-0599-3
Best.-Nr. 60599
45,90 € (D)/47,20 € (A)/71,20 CHF

Beobachten • Dokumentieren • Fördern

Verlag an der Ruhr

Postfach 10 22 51
45422 Mülheim an der Ruhr

Telefon 030/89 785 235
Fax 030/89 785 578

bestellungen@cornelsen-schulverlage.de
www.verlagruhr.de

Es gelten die Preise auf unserer Internetseite.

■ Sprachförderung für 3- bis 7-Jährige

Ausgearbeitete Stunden und Materialien für ein ganzes Jahr

Uta Oezoğul

3–7 J., 260 S., A4, Spiralbindung

ISBN 978-3-8346-0240-4

Best.-Nr. 60240

29,80 € (D)/30,65 € (A)/47,60 CHF

■ Sprachförderung mit System

Spiele und Übungen für alle Förderbereiche

Steff Aellig, Elsbeth Alt

4–8 J., 259 S., A4, Spiralbindung, über 200 Bildkarten, farbig

ISBN 978-3-8346-0354-8

Best.-Nr. 60354

39,80 € (D)/40,90 € (A)

■ Das Portfolio-Konzept für Kita und Kindergarten

Antje Bostelmann (Hrsg.)

Bis 6 J., 129 S., A4, Paperback, farbig

ISBN 978-3-8346-0199-5

Best.-Nr. 60199

19,80 € (D)/20,35 € (A)/33,10 CHF

■ So gelingen Portfolios in Kita und Kindergarten

Beispielseiten und Vorlagen

Antje Bostelmann (Hrsg.)

Bis 6 J., 74 S., A4, Paperback, farbig

ISBN 978-3-8346-0322-7

Best.-Nr. 60322

17,80 € (D)/18,30 € (A)/30,– CHF

■ Bildungsabenteuer Kindergarten

Lernen in den sechs Bildungsbereichen – Erprobte Projekte zum Nachmachen

Antje Bostelmann (Hrsg.)

3–6 J., 114 S., A4, Paperback, farbig

ISBN 978-3-8346-0246-6

Best.-Nr. 60246

19,80 € (D)/[illegible]0,35 € (A)/33,10 CHF

■ Hüpfen, springen, Arme strecken, so kann ich die Welt entdecken

Mit Bewegungsspielen Sachthemen erkunden

Rae Pica

3–6 J., 196 S., A4, Paperback

ISBN 978-3-8346-0414-9

Best.-Nr. 60414

23,50 € (D)/24,15 € (A)/39,30 CHF

■ Ohren an das Knie heran, ob die Nase wackeln kann?

Bewegungsreime zur Sprachförderung

Tina Weiler

3–6 J., 71 S., 16 x 23 cm, Spiralbindung, farbig

ISBN 978-3-8346-0321-0

Best.-Nr. 60321

14,50 € (D)/14,90 € (A)/24,90 CHF

■ Wasserforscher und Luftikusse

Ausgearbeitete Experimentierstunden für 4- bis 7-Jährige

Andrea Hündlings

4–7 J., 184 S., 16 x 23 cm, Spiralbindung

ISBN 978-3-8346-0237-4

Best.-Nr. 60237

19,50 € (D)/20,– € (A)/32,60 CHF

Keiner darf zurückbleiben!